Mörderisches Flensburg

Kriminalgeschichten aus der Fördestadt

Herausgegeben von
Eckhard Bodenstein

Husum

Umschlaggestaltung und Textillustrationen von Christoph Wiegand

Die Deutsche Bibliothek – CIP-Einheitsaufnahme

Mörderisches Flensburg : Kriminalgeschichten aus der Fördestadt /
hrsg. von Eckhard Bodenstein. – 3. Aufl. – Husum : Husum, 1998
ISBN 3-88042-834-4

3. Auflage 1998

© 1997 by Husum Druck- und Verlagsgesellschaft mbH u. Co. KG,
Husum

Satz: Fotosatz Husum GmbH
Druck und Verarbeitung: Husum Druck- und Verlagsgesellschaft
Postfach 1480, D-25804 Husum

ISBN 3-88042-834-4

Vorwort

Flensburg hält seit vielen Jahren einen Spitzenplatz in der deutschen Kriminalstatistik. Dennoch: Personen und Handlungen im „Mörderischen Flensburg" sind frei erfunden. Allerdings haben sich einige Autoren von der Wirklichkeit anregen lassen. Wer hätte in unserem Land vor zehn Jahren die Barschel-Pfeiffer-Engholm-Janssen-Affäre vorausgesagt?

Oder da ist noch der unvergessene „Dr. Dr. Clemens Bartholdy" – eine Zeit lang stellvertretender Direktor des Städtischen Gesundheitsamts in Flensburg, ein Postbote als operettenhafter Hochstapler im Polit-Filz unserer Stadt: es hat ihn wirklich gegeben! Was lauert da noch unentdeckt unter der glatten, gutbürgerlichen Fassade unserer so liebenswerten Stadt?

Flensburg ist eine ganz besondere Stadt. Sie hat eine zauberhafte Lage, eine historische Altstadt und eine lebendige deutsch-dänische Kultur-Symbiose. Die Flensburger identifizieren sich mehr als die Bewohner anderer Regionen mit ihrer Heimatstadt und der reizvollen Umgebung entlang der Flensburger Förde.

Apropos Förde: ist da nicht vor einigen Jahren unter mysteriösen Umständen ein Flensburger Reeder verschwunden? Ein leeres Segelboot treibt bei Gelting an den Strand ... War es ein Unfall? War es Mord? Wo ist die Leiche? Oder lebt die „Leiche" vielleicht quietschfidel in einer südamerikanischen Bananenrepublik?

Ganz unterschiedliche Autoren – sieben Frauen und fünf Männer, bekannte und unbekannte – lassen sich von der Wirklichkeit, von ihrer Fantasie und dem besonderen Flensburger Flair beflügeln und beschreiben das „mörderische Flensburg", wie es keiner kennt. Viele hatten sich spontan bereit erklärt, das kriminelle, groteske, aber auch das komische Flensburg spannend und satirisch zu schildern. Nicht alle Beiträge konnten in diesem ersten Band Platz finden, leider.

Christoph Wiegand, vielfältig in Flensburg engagiert,

hat die Geschichten illustriert und den Umschlag gestaltet.

Verlag und Herausgeber wünschen allen Lesern viel Vergnügen bei der Entdeckung der dunklen, der „mörderischen" Seiten unserer Heimatstadt!

Flensburg, im Oktober 1997

Eckhard Bodenstein

Harry Engel

Die Augen des Gartens

Käthe Hagedorn mit Handtasche und Plastikbüdel erklimmt die fünf schiefen Steinstufen vor ihrem kleinen Haus, steht vor der Tür und klötert mit dem Schlüsselbund.

Grete Flintbek, ihre Nachbarin, hat sie noch bis zur Haustür rumgebracht. Von unten blickt sie Käthe aus ihrem kugelrunden Großmuttergesicht freundlich und besorgt an.

– Willst du noch mit hoch? fragt Käthe, während sie aufschließt.

– Nein, ich will noch nach Roswita, sagt Grete.

– Na, dann erstmal! verabschiedet sich Käthe und verschwindet in ihrem Häuschen, das sie schon so lange allein bewohnt.

Käthe lässt ihre untere gute Stube, an die sich noch die Kochnische anschließt, links liegen und stakst die schmale Holzstiege hoch.

Oben in einer Flurecke steht eine kleine Garderobe mit Spiegel.

Käthes dünne Beinchen stecken in einer kerzengeraden, cremefarbenen Keilhose. Sie legt die beigefarbene Kostümjacke ab, die sie über ihrer halb durchsichtigen Chiffon-Bluse trägt.

Ihr Kopf wirkt übergroß bei ihrer spinkigen Gestalt, sie hat nämlich eine schrankwandbraune Lockenperücke auf den Kopf gestülpt. Darunter lugt blass ein feinrunzliges Porzellanpuppengesicht hervor.

Sie ist noch 'n büschen dingelig von der langen Fahrt auf der Förde, denn sie hat an Bord der „Seemöwe" wieder mal mehr als einen gehabt.

Ihre beste Zeit, als die Butterdampfer wegen der zollfreien dänischen Butter noch so hießen, ist längst vorbei. Das war damals nach dem Krieg, als Käthe Hagedorn noch eine junge, schöne Frau war.

Käthe packt ihre Einkäufe aus: eine Flasche Likör, schwarz und süß, und zwei Stangen Filterzigaretten. Alles zollfrei!

Die zweite Stange hat sie unauffällig als lauter Einzelpäckchen in der Kostümjacke durch den Zoll genommen.

Ihre Freundin Grete Flintbek macht das auch, aber nicht für sich, sondern für Roswita, ihre Tochter. Die hat Bedarf.

Käthe sieht durchs Fenster die rückwärtigen Gärten in der warmen Herbstsonne.

Sie geht nach unten, holt das Schlüsselbund, das noch innen in der Haustür baumelt, sucht wieder den richtigen Schlüssel für die hintere Tür zum Garten. Diese hat eine kleine Öffnung, durch die zwei Katzen, Käthes einzige Mitbewohner, ein- und ausgehen können.

Käthe überquert den kleinen Vorplatz im Souterrain, den ein dichter Brombeerbusch überdacht, und steigt die Knochenbrechertreppe aus Feldsteinen terrassenweise den Garten hoch.

In der Nachbarschaft stehen überall Gartenbuden in den Hang gebaut, und hohe Terrassenmauern fangen die steilen Hänge ab, dazwischen ein paar Unkrautbeete, Beerengebüsch, Zirenen und knorpelige Obstbäume.

Schmal wie die alten Schifferhäuser selbst sind auch die Gartenstreifen; wenn überhaupt, dann nur durch eine Hecke voneinander getrennt, jedenfalls nicht durch Zäune.

Im Gegensatz zu dem erleichterten Grenzverkehr der Nachbarn untereinander steht die hermetische Abriegelung aller Gärten nach außen zum Ulmenstieg hin.

Jeder Gartenbesitzer trägt seinen Teil zur lückenlosen Abschottung bei: windschiefe Betonmauern mit kleinen Glasscherben obendrauf, unüberwindliche Dornenhecken oder Stacheldraht auf Jägerzaun, die Gartenpforten mit schweren Schlössern verrammelt.

Käthe erklimmt die Steintreppen, eskortiert von beiden Katzentieren. Wie sie sich einmal bückt, um eine rotte Birne von der Steinstiege zu nehmen und mit spitzen Fingern auf einer Terrassenkante abzulegen oder etwas Giersch zwischen den Steinritzen zu zupfen, bleiben ihre Beine

Wie sie sich einmal bückt,
bleiben ihre Beine ganz gerade stehen...

ganz gerade stehen, und sie beugt sich nur mit dem Oberkörper hinunter.

Oben breitet sie ein kleines, weißes Taschentuch aus und setzt sich auf die Stufe des Terrassenaussichtsplatzes, in ein Spaliertor, aus dessen niedergekommenem Gesträuch noch ein paar letzte wilde Rosen blühen.

In einem Sonnenstreifen schmökt sie eine und denkt an frühere Zeiten.

Hier hat sie schon als kleines Mädchen gesessen und auf den Hafen geblickt, auf die Dampfer und Segelschiffe und auf die ganze Stadt, die sich auf der gegenüberliegenden Seite der Förde den Hang hochzieht.

Sie erinnert sich noch an die Gartenfeste ihrer Eltern mit bunten Lampions und an einen söten Jung in einer mullerigen Sommernacht.

Die Ehe mit Jens war man ein kurzes Glück gewesen. Als Schiffsing. war er weit rumgekommen und hatte immer was Schönes mitgebracht, wenn er von großer Fahrt mal wieder heimkam.

Daher stammen zum Beispiel die chinesischen Teile ihrer Einrichtung. Jens hatte sie übrigens nicht direkt aus Hongkong mitgebracht, wie er behauptete, sondern aus einem China-Laden in Hamburg. Käthe hatte einmal einen Kassenzettel gefunden, Jens aber kein Sterbenswort davon verraten. Für sie sind es die schönsten Erinnerungsstücke an Jens.

Von allen Seefahrten war Jens heil nach Hause gekommen, nur von einer nicht: von einem Segeltörn auf der Flensburger Förde.

Gar nicht viel weiter östlich von den Ochseninseln war er im Boot eines Freundes in schweres Wetter geraten und seitdem als ertrunken vermisst.

Käthe hatte die Gewohnheit, bei ihren Butterfahrten diesen Bereich der See immer aufmerksam zu mustern, als ob das Wasser an dieser Stelle irgendwie besonders aussehen könnte. So sehr geht ihr Jens ab.

Wie sie ihr schmales Handtuch von Garten so sieht, wird ihr ganz bange beim Anblick.

10

– Hier müsste ganz dringend geröntscht werden. Ich werde damit nicht überkommen.

Sie ist am Spekulieren, wer ihr helfen könnte, den Garten im Herbst winterfest zu machen. Aber ihr fällt keiner ein. So viel Rente und bezahlen einen Gärtner hat sie nicht.

Unten klemmt ihre kleine Behausung eingekeilt zwischen den etwas größeren Häuschen der Nachbarn.

Rechts wohnen Studierte. Sie spürt, die pochen auf was Besseres zu sein. Nicht mal richtig „Moin Moin" sagen die zu ihr.

Die klötern jeden Tag in ihrem Strebergarten. Blumen und Kräuter in Reih und Glied, denkt Käthe fünsch, aber auch mit Neid.

Links wohnt ein jüngerer Mann, Musiker, sagt ganz freundlich „Moin", wenn er mal rauskommt. Er heißt Birger mit Vornamen. Er übt immer Klavier und Querflöte. Manchmal liegt er mit einer Freundin oben auf der Wiese, wenn er mal eine hat. Er trägt jesusmäßig lange Haare. So kein unrechter Kerl, aber kein Typ für Käthe.

Sein Garten sieht auch nicht viel besser aus als ihrer. Kein gemähter Rasen, sondern eine wild blühende Wiese, ins Kraut geschossenes Gemüse, nicht abgeerntete Birnen. „Streuwiese" hat er das mal genannt. Käthe nimmt an, er ist einer von diesen Grünen.

Es ist nicht einfach und kommen zurecht mit Haus und Garten als Frau und allein.

Käthe strebt bekümmert nach unten ins Souterrain und verschwindet in der rückwärtigen Haustür, unter dem dicken Brombeerdach. Minz und Maunz huschen hungrig hinterher.

Der Schlüssel wird zweimal umgedreht und der Türgriff nochmal zur Sicherheit prüfend gedrückt: alles dicht.

✳

Käthe hält die Tür besonders nachts immer ängstlich verschlossen. Sie würde sich gewaltig verjagen, wenn einer im

Dustern über die Gartenhänge käme und plötzlich in ihrem Haus wäre. Einen Herzschlag würde sie kriegen.

Unten die gute Stube ist ganz pük und unberührt. Käthe hat sie nur für Besuch, aber sie hatte schon lange keinen Besuch. Höchstens mal Grete Flintbek, und die bleibt nie für länger als auf eine Tasse Kaffee.

Die Möbel stammen noch von 1960. Als das Haus außen in Rotstein neu verklinkert worden war, hatten Jens und Käthe bei Möbel Reimann die hellbraun furnierte Schrankwand gekauft. Dekorativ verteilt stehen hier ein paar Väschen mit Trockenblumen, die drei Bände von Angélique..., („Angélique und der Zauberer" zum Beispiel) und die rote Figur einer Katze aus Porzellan.

Über einer kleinen eckigen Sitzgruppe aus braunem Kunstleder hängt ein enorm querformatiges Bild: Ein Rudel weißer Pferde wirft im Galopp weißen Staub auf. Auf dem Fensterbrett stehen Alpenveilchen, Kakteen und ein Gummibaum. Auf dem Sofatischchen ein schwerer roter Aschenbecher aus Glas, eine dicke gelbe Kerze und ein dekoratives Feuerzeug.

Zwischen den Topfpflanzen der Ausblick auf eine enge Gasse, die zum Hafen führt.

Käthe Hagedorn geht in die unten gelegene kleine Küche und füllt die Katzennäpfe mit einem bräunlichen Grums aus der Dose. Sie rummelt sich ein paar gestovte Kartoffeln auf, verzehrt drei Bissen davon im Stehen und erklimmt über die schmale Stiege ihr eigentliches Reich im ausgebauten Dachgeschoss.

Sie zieht ihre Keilhosen und Bluse bis auf die Unterwäsche und eine Strumpfhose aus und schlüpft in einen schwarzen chinesischen Morgenmantel aus Kunstseide; über den Füßen stülpen flauschige Puschen.

Schon hat sich Käthe auf ein Schlafsofa gebettet, das sie mit allerlei bunten Sofakissen und Decken als eine Art Diwan ausgestaltet hat. Auf dem Nachtschränkchen in chinesischer Lackarbeit steht eine rot schimmernde Lampe mit roten Trotteln und schwarzem Gestell, auch im China-Stil.

Darauf ein paar umgeschlagene Kreuzworträtselhefte

und die „HörZu", die Fernsehzeitung. Die halb geöffnete Schublade enthält ein paar Medikamente, darunter auch Dormitran, ein verschreibungspflichtiges Schlafmittel.

Sonst steht nicht viel im Raum: in der Ecke noch eine ähnliche Kommode, vor dem Diwan ein kleiner Tisch, darauf Lesebrille, Brillenetui und die Flasche mit dem von Käthe so geschätzten „Schwarzen Kater". Vor den Tisch ist ein rundlicher rosa Stoffsessel gerückt.

Käthe ist schon ganz jiperich auf eine Zigarette, und der Likör funkelt tiefrot in der Flasche.

Im Fernsehen läuft „Das Traumschiff". Mal erleuchtet eine helle Strandszene den dunklen Raum, dann verfinstert er sich wieder sekundenlang.

Käthe blickt mit ihrem blassen Kindergesicht auf die wechselnden Lichtbilder. Die Perücke, noch auf dem Kopf, ist verrutscht. Die Stunden verdämmern im Zwischenreich, und die Zigarette verglimmt im Aschenbecher.

Käthe träumt, sie ist gestorben und lebt als Katze im Tierheim. Man hat sie dort aufgenommen, weil sie ihr Haus mangels anderer Erben dem Tierheim vermacht hat. Sie ist immer sehr tierlieb gewesen. Sie ist davon überzeugt, Tiere sind doch besser als Menschen.

Irgendwann in der Nacht ist sie aufgewacht. Über den Bildschirm ein Függ aus tausend grauen Funken! Ende des Programms. Käthe drückt auf Aus und döst nach einer oder zwei Tabletten Dormitran wieder ein.

*

Eine Woche später, an einem Donnerstag, sollen Käthe Hagedorn und Grete Flintbek wieder auf Tour.

Sie nehmen das Zehn-Uhr-Schiff, aber nur die kleine Pendel-Tour. Zuerst nach Kollund auf der dänischen Seite, dann nach Glücksburg, von da wieder nach Egernsund in Dänemark, zurück nach Kollund... Am frühen Nachmittag wird man wieder in Flensburg landen.

Schon in Flensburg fluten die Passagiere an Bord der

13

„Seemöwe" und in die Bordrestaurants im Ober- und Unterdeck.

Das Schiff vibriert beim Ablege- und Wendemanöver im Hafen, bis es in ruhiger Fahrt an der Flensburger Hafensilhouette vorbei und ins offenere Gewässer der Förde gleitet. Die Schiffspropeller lassen die „Seemöwe" vibrieren und die Gläser im Restaurant klirren.

In Kollund werden dänische Passagiere zusteigen, und alle möglichen Pegel der schwimmenden Kneipe entwickeln sich stetig nach oben. Flaschen- und Gläserbatterien auf den Tischen, Krabbenbrote mit Mayo, Bockwürste, Wolken von Tabakrauch. Rauer Chor aus dänischen und deutschen Kehlen und aus den Lautsprechern schmettert Peter Alexander:

Unser täglich Brot ist die Liebe,
sie gibt dem Leben erst Sinn...
ja das weiß ich genau,
seit ich bei
dir bin...

Grete und Käthe haben einander gegenüber auf den Polsterbänken Platz genommen. Vor ihnen steht auf dem Tisch ein Gedeck Kaffee und Kuchen; Käthe hat dazu schon einen „Schwarzen Kater" gehabt, einen doppelten, denn an Bord kostet er nur die Hälfte.

Ein einzelner Herr hat heute bei ihnen Platz genommen, nicht ohne höflich zu fragen, und ein Tuborg bestellt.

So über düt un dat kommt man ins Gespräch, und wie die „Seemöwe" von Egernsund ablegt, kennt man sich schon mit Vornamen, weiß, wer man ist, was man so macht und wo der Schuh drückt.

Manfred Eichborn (seine Freunde nennen ihn Manni) ist ungefähr halb so jung wie Käthe, der man ihre fast siebzig wegen ihrer spinkigen Gestalt und der braunen Perückenpracht nicht auf den ersten Blick ansieht.

Manni ist groß, hat ein volles fleischiges Gesicht und blassgraue Augen, auf dem Kopf einen aufgetürmten

Lockenhaufen. Charmant-spitzbübische Grinsebäckchen sind auf Dauerbetrieb eingestellt.

Die breite Hand hält die Bierflasche fest. Manni mustert freundlich, ausdauernd und witternd sein Gegenüber.

Der weite Kragen zeigt Oberkörperlandschaft mit haarigem Bewuchs und das in seinem Fall unvermeidliche, aber immerhin dezente Goldkettchen.

Manni kann viel erzählen, er ist eine Zeit lang als Matrose zur See gefahren.

Über seine jetzige Tätigkeit tut er erst son büschen geheim, dann verrät er aber, dass er einen privaten Sicherheitsdienst betreibt, wo er sein eigener Chef ist.

Meistens arbeitet er als freier Warenhausdetektiv im Zeitvertragsverhältnis, sagt er, hält zu unregelmäßigen Zeiten nach Warenhausdieben Ausschau oder prüft, ob die Ladentüren nach Geschäftsschluss richtig zugeschlossen sind.

Heute habe er Auftrag, mal unauffällig den Schiffskiosk nach Ladendieben zu untersuchen. – Aber, pst! nicht weitersagen... Grete und Käthe versprechen das hoch und heilig.

Tatsächlich verschwindet Manni ab und zu mal, kommt aber nach einer Weile mit unauffälliger Miene wieder und bestellt ein Bier. Er kann eine Menge ab, der große Kerl.

Durch die Panoramascheiben des Passagierschiffes tauchen Hafengebäude auf und kündigen die Rückkehr nach Flensburg an. Speicher, Silos, Treibstofftanks. Am Harniskai liegt ein Futtermittelschiff.

Die Kellnerin beginnt mit dem Kassieren und dem Aufklaren der Tische.

Manni und Käthe haben sich verabredet. Er wird sich Käthes Haus mal angucken und ihr den Garten machen.

Als Käthe und Grete ihre Einkäufe ohne Aggewars durch den Zoll gebracht haben, sagen sie tschüss zu Manni und streben beschwingt in Richtung Heimatviertel.

– Wie findest du ihn denn, Liebbe? fragt Käthe, als sie vor ihrer Haustür den Poos schüttelt und die Schlüssel an die Flasche klötern hört.

– Ach, soo ist er ganz nett..., sagt Grete, jedoch ein wenig zögerlich, und geht zu ihrer Tochter Roswita, um ihr die Einkäufe vom Schiff zu bringen.

Die wartet schon darauf.

＊

Pünktlich um elf steht Manni vor Käthes Haus und klingelt.

Man hört Käthe innen den Schlüssel umdrehen.

Manni hat Arbeitsklamotten mit, die er erstmal im Flur an den Haken hängt.

Käthe schließt die Pforte nach hinten zum Garten auf und zeigt ihm die Arbeit, die ihr über den Kopf gewachsen ist.

– Das kriegen wir leicht zurecht, verspricht Manni.

Ganz oben auf ihrer Terrasse stellt er fest: Das Kastenschloss der Gartenpforte zum Ulmenstieg ist eingerostet. Er wird ihr gleich heute ein neues einsetzen, dann kann er auch von oben rein und raus, die Gartenabfälle nach oben wegbringen, die möchte er nicht durchs Haus tragen.

– Aber immer gut zuschließen, nicht aufstehen lassen, damit kein Fremder von oben reinkommt! schärft Käthe Hagedorn dem Manni ein.

Der geht in die Stadt zum Schlüsseldienst bei „Meesenburg". Am selben Nachmittag hat er das Schloss eingebaut und im Dämmerlicht des Herbsttages mit dem Umgraben begonnen.

Aus den Rückseiten der benachbarten Häuserreihe leuchten schon ein paar Fenster ins Abendblau. Gleich neben Käthes Haus hört man heiser Nachbar Birger seine Querflöte blasen.

Manni hat Birgers Musik seine eigene entgegengesetzt: aus einem auf der Erde stehenden, kleineren Plastikkofferradio, das zwar nicht lauter, aber schallintensiver wirkt: endlos sabbelnde, popdudelnde Zwangsbeschallung:

16

Ramona,
in einem Jahr steh ich vor deiner Tür,
Ramona,
dann bleib ich bei dir.

Birger ist das nicht entgangen, und er lauscht, von ahnungsvollen Sorgen beschlichen:
– Das wird doch nicht etwa mein neuer Nachbar werden?

Doch da ist niemand mehr zu sehen, nur das umgegrabene Feld, das sich dunkler von dem nächtlichen Garten abzuheben scheint.

Am nächsten Tag erblickt Birger das Ergebnis der Arbeit in Käthes Garten: zwei gejätete Terrassenfelder, zwei freigelegte Büsche mit schwarzen Johannisbeeren.

Noch viel Arbeit, aber ein Anfang ist gemacht. – Und dabei bleibt es dann auch erstmal.

Der Garten wuchert weiter, niemand kommt mehr zum Umgraben, auch Käthe ist kaum mehr zu sehen, das Brombeerdornengestrüpp gewinnt die Oberhoheit über das Souterrain, das kleine Haus verfällt in den Dornröschenschlaf.

*

Der Winter bricht früher als sonst ein, schon Mitte November ist es frostig, und die Hanggärten liegen in schneebeladener Unberührtheit. Nur ein paar Katzenpfoten hinterlassen Spuren.

Es ist Heiligabend. Die Familien huschen bepackt mit Geschenken zueinander. Wer jetzt noch alleine ist am Heiligabend, der wird es bleiben, wird lange fernsehen und dann vielleicht einschlafen...

Nachbar Birgers christliche Resterziehung bricht durch:
– Sünde, nun wohne ich schon zwei Jahre hier und habe meiner Nachbarin, der ollen Stackelfrau, höchstens mal „Moin Moin" gesagt.

Heute will er mal rüber und „Frohe Weihnachten" wünschen.

Er bastelt ein Apfelsinenmännchen. Drei der balligen Zitrusfrüchte sind mittels Zahnstocher unsichtbar miteinander verbunden, das obere kleinere Bällchen zeigt durch einige entsprechend gesteckte Rosinen ein Smily-Gesicht.

So steht Birger fröstelnd an der Haustür, das gebastelte Geschenk in der Hand, bekleidet mit weißem indischem Hemd über der Hose und Birkenstock-Sandalen. Viel zu dünn angezogen für draußen.

Käthe klötert innen mit dem Schlüsselbund herum, und als Birger seinen freundlichen Weihnachtsspruch vorgebracht hat, soll er unbedingt reinkommen.

Er geht hinter Käthe die schmale Stiege hoch und betritt ihr verräuchertes Gemach.

Der Fernseher beleuchtet die sonst fast dunkle Stube. Ein Knabenchor singt Weihnachtslieder. Auf einem chinesischen Tischchen steht ein kleiner Plastiktannenbaum mit bunten elektrischen Kerzen, die abwechselnd an- und ausgehen. Dorthin platziert Käthe das Apfelsinenmännchen.

Birger lehnt die angebotene Zigarette ab, nimmt aber ein Glas Traubenlikör an.

Käthe jammert, wie alleine sie sei.

– ... Auch Manni kommt nicht mehr vorbei. Ich hab ihn auf dem Schiff kennen gelernt. Er hat mir versprochen, den Garten zu machen und ist nur einmal gekommen. Ich habe ihm beim Notar mein Haus überschrieben, und jetzt lässt er sich nicht mehr blicken.

– Gleich das Haus überschrieben? erkundigt sich Birger verwundert.

– Na ja, er ist auch noch paar Male so gekommen. Er war hier, und wir zwei hatten es gut zusammen. Er weiß, was sich bei einer Frau gehört. Ich hab ja sonst keinen. Immer nur Grete Flintbek, das füllt mich nicht aus. Aber in der letzten Zeit lässt er sich gar nicht mehr blicken. Ja, er hat mir wohl mal noch sonen Geschenkkorb geschickt. Der stand da mal plötzlich vor meiner Tür im Garten. Pralinen, eine Flasche Wein, paar Apfelsinen und sowas..., aber das möchte ich ja gar nicht. Er soll mir doch den Garten machen. Da hat er nur mal son büschen rumgepütschert, und dann isser abgeblieben. Ich hab schon spekuliert, wenn er mit dem Garten nicht überkommt, dann mach ich sominn und sogott die Erbschaft rückgängig, dann geht das alles ans Tierheim, das hab ich ursprünglich sowieso vorgehabt. Aber ich hab jetzt Angst vor Manni. Er kann ja nu auch immer durch den Garten rein. Was isser nur fürn großer, starker Kerl. So ist er ganz nett, aber ich glaube, er kann auch fies sein...

Ob Birger böse sei, dass sie ihm das alles so erzähle...

– Ich will weiß Gott nicht schludern. Du bist bestimmt kein böser Mensch, Birger, das fühle ich. Jesus ist auch ein guter Mensch gewesen, ich glaube, er wohnt unter uns, in den Menschen, glaubst du das auch? Er nimmt die Gestalt von Menschen an. Anfangs konnte ich dich nicht verknusen, ehrlich, jetzt nicht böse sein, aber heute, wo du mich auch besucht hast, bist du für mich kein Fremder mehr, lange Haare mochte ich eigentlich noch nie bei Männern, aber Jesus hatte auch lange Haare, und Jesus war ein guter Mensch. Befrei mich von Manni, er ist nicht gut, ich hab Angst vor Manni. Ich kann nachts nicht einschlafen. Der Doktor hat mir Tabletten verschrieben. Sollst du noch einen haben?

Birger hört geduldig zu, wie Käthe ihr Herz ausschüttet, auch als sich alles noch einmal wie auf einer Schallplatte wiederholt, und pflichtet ihr murmelnd und kopfnickend bei.

Nun erhebt er sich vorsichtig zum Abschied. Käthe auch und umfängt ihn mit welken Armen. Birger riecht die künstliche Perücke, ihren Atem aus Rauch und Alkohol, löst sich behutsam von der klettenhaft an ihm backenden Person und geht die Treppe runter. Käthe folgt ihm, steht noch im Eingang und blickt ihm ganz verjagt nach, bevor sie die Tür wieder von innen verschließt.

*

In den folgenden Wochen und Monaten ruht Käthes Haus wie unbewohnt. Selten sieht man sie mit Grete Flintbek

zum Schiff gehen, denn meistens liegt Käthe zu Hause öh-
mig ein.

Das Frühjahr kommt mit Schneeglöckchen und gelben
Winterlingen. Es wird März. Die Bäume und Büsche
spreizen ihre glänzenden Zweige gegen den grauen Himmel.

Birger sieht eines Freitagnachmittags: die beiden Terrassenfelder sind frisch umgegraben. Auch das Kofferradio
steht da, wie damals im Spätherbst, und dudelt so einsam
vor sich hin.

– Nun ist Manni doch wieder beigegangen, denkt Birger.

Abends steht das Radio immer noch wie vergessen da,
und als Birger auf die schon im Dunkel daliegenden Gärten
am Hang hochschaut, sieht er von rechts eine Gestalt he-
ranhuschen.

Manni ist es nicht, das sieht man. Der würde auch nicht
seitlich kommen, sondern eher von oben, durch Käthes
Gartenpforte am Ulmenstieg.

Die Gestalt strebt nun die Gartenstufen herab, nähert
sich seinem Haus, biegt kurz vorher seitlich ab und verschwindet in Käthe Hagedorns zum Garten gelegener
Haustür.

Birger meint, die Gestalt erkannt zu haben. Es ist die ir-
re Mareike.

Mareike ist in der Nachbarschaft wegen einer sonderba-
ren Gewohnheit bekannt. Von Zeit zu Zeit dringt sie durch
offene Türen ein, die sie mit geradezu schlafwandlerischer
Sicherheit findet oder ahnt.

Sie schleicht sich ein, setzt sich mit Vorliebe auf die Bettkante eines schlafenden Menschen und sieht ihn unver-
wandt mit stumpfen ausdruckslosen Augen an. Nach einer
Weile verschwindet sie dann wieder, ohne etwas wegzu-
nehmen oder überhaupt Spuren zu hinterlassen, unentdeckt. Ganz unentdeckt ist der Spinnkram allerdings nicht
immer geblieben, denn manchmal ist ein Schläfer bei diesem stummen Starren doch wach geworden und hat den
ungebetenen Geist nach kurzem Schreck mehr oder weniger sanft zur Tür hinausbefördert.

20

Es wurde auch das Gerücht verbreitet, Mareike habe das zweite Gesicht und sei eine Art Todesfee, wen sie besuche, der mache es nicht mehr lang. Da ist aber wohl nichts dran, denn auch Birger ist mal an einem frühen Morgen aufgewacht und blickt plötzlich wie unter Hypnose in Mareikes unbewegt teigiges Gesicht, in ihre totenblassen Augen, die ihn regungslos anstarren.

Er, noch ganz schockiert, hat Mareike mit bestimmter Bewegung rasch die Stiege runter und aus dem Haus geführt. Das ist vor zwei Jahren gewesen, und Birger lebt noch.

Mareike hat den Spleen, sie sei eine Fee. Sie rennt tagsüber mit Märchentheaterklamotten rum, die sie mal beim Tag der offenen Tür im Stadttheater abgestaubt hat. Auf dem Haar, das sie zu Zöpfen flicht, trägt sie manchmal einen Schleier mit kleinen Perlen oder ein Diadem aus Strass.

*

Am Wochenende rührt sich nichts im Hause Hagedorn, auch nicht im Garten. Nur das Kofferradio steht noch draußen an der alten Stelle. Es dudelt nicht mehr, hat es jemand ausgestellt, oder ist die Batterie tot? Vielleicht ist es auch kaputt, es hatte nachts etwas geregnet. Birger klingelt bei Käthe und will sie auf das Kofferradio aufmerksam machen, aber sie macht nicht auf.

Als Birger am Sonnabend im Dunkeln vom Konzertabend kommt, flackert in Käthes Dachstube das unruhige Licht des Fernsehers. Von außen sieht das Geflacker so aus, als ob jemand mit einer Taschenlampe den Raum absucht.

Am Montag gegen Mittag sieht Birger den großen schwarzen Kombi von Fidde Berg vor Käthe Hagedorns Haus stehen, den mit den schwarzen Palmzweigen überm weißen Kreuz auf den getönten Scheiben. Die Heckklappe ist geöffnet.

Wenig später tragen zwei ältere Männer, Angestellte von Fidde Berg in dunklen Anzügen, eine kleine Gestalt, eingewickelt in eine schwarze Plane, aus dem Haus und legen sie auf die Ladefläche des Autos.

Die Heckklappe wird geschlossen, die schwarzgraue Limousine fährt im Schritttempo fort.

Kaum mehr als drei Passanten sehen das Ereignis. In wenigen Minuten ist es vorüber.

*

In Käthes Haus sieht man zwei Männer zurückbleiben.

Einer ist Manni, der andere Kommissar Kröger.

Sie kennen sich noch ziemlich gut von ganz früher, von der Polizeischule Eutin her. Kröger war nach der Ausbildung dabeigeblieben und im Dienstgrad nach oben gerückt; Manni hatte es gleich nach der Ausbildung vorgezogen, sich freiberuflich durchzuschlagen.

Manni berichtet.

Gleich am Montagmorgen, so gegen 10 Uhr, hat er bei Käthe Hagedorn geklingelt, wollte ja die Gartenarbeit fortsetzen.

– Keiner macht auf. Ich in Panik. Von der Telefonzelle aus angerufen. Nix, keiner nimmt ab. Ich zum Wagen zurück, Stemmeisen geholt, hab immer 'ne ganze Menge Werkzeug im Auto, und die Haustür vorn aufgekriegt. Das ging ganz fix. Oben lag dann die Frau, so wie du sie auch gesehen hast, auf dem Sofa. Tot. Wie eingeschlafen sah sie aus.

Am Freitag bis Abend hat er noch bei ihr im Garten gearbeitet. Nach der Arbeit hat sie ihn nach vorne zur Straße rausgelassen. Stark duhn gewesen, die alte Dame, aber das war ja nix Besonderes. Und das in Verbindung mit Schlaftabletten, riskant! Da habe ich sie auch schon ab und an gewarnt.

– Das werden wir noch ärztlich untersuchen müssen, welche Rolle Alkohol und Medikamente beim Tod von Käthe Hagedorn gespielt haben. Kröger sieht Manni aufmerksam an. Hattest du Zugang zum Haus?

– Nee, nur zum Garten über die Gartenpforte.

Kröger lässt Manni gehen, verschließt und versiegelt den Garteneingang von innen und den straßenseitigen Hauseingang von außen.

Schon mal in der Gegend, befragt Kröger die unmittelbaren Nachbarn.

– Wenn sich Leute so dicht auf der Pelle wohnen wie hier, bleibt doch so gut wie nichts verborgen. Die Familie zur Linken ist komplett schon seit einer Woche verreist, erfährt er vom Kioskbesitzer; den Nachbarn zur Rechten trifft er an.

Birger sitzt der Schreck des Vormittags noch in den Gliedern, und vor Polizisten ergreift ihn eigentlich immer irgendwie kindliche Zaghaftigkeit.

Mit den langatmigen Schilderungen des stehen gebliebenen Kofferadios weiß Kröger wenig anzufangen.

Die Weihnachtsgeschichte vom Apfelsinenmännchen und Käthe Hagedorns dunkle Andeutungen hört er sich an und vernimmt nun mit Interesse, dass sein alter Kumpel Manni womöglich für die Hütte als Erbe eingesetzt ist. Besser als in die hohle Hand gespuckt, denkt Kröger.

Ihm fällt seine kleine Etagenwohnung in Engelsby ein.

Nun legt Birger dem Kröger noch eine andere Fährte:

– Wieso bricht jemand die Vordertür auf, wenn er über den Garten mit dem Schlüssel reinkommen kann?

Kröger notiert sich diese Frage. Und dann kommt die Geschichte mit der dunklen Gestalt, die er ins Haus verschwinden sah. Mareike Soundso.

Kröger notiert sich ihre Adresse: in einer „Betreuten Wohngemeinschaft", ein paar Häuser weiter.

Kröger sucht noch am selben Tag diese Mareike auf.

Vorsichtig und höchst sensibel geht er zu Werke und bittet auch die Sozialarbeiterin hinzu, als er hören möchte, was Mareike erzählen könnte.

Ob sie denn die Käthe Hagedorn kenne...

Mareike beginnt zögernd. Wie eine Wahrsagerin, die aus dem Kaffeesatz liest, hat ihre Stimme eine Art jenseitiger Färbung.

– Dornröschen schläft. Ich bin die Fee. Ich komme, sie zu erlösen. Aber der Prinz sitzt schon auf meinem Platz an ihrem Bett. Ich bin die Fee, aber der Prinz hat sie erlöst. Er hat über ihr gesessen und sie geküsst. In seinem Kuss ist ein

Zauber gewesen. Sie hat noch tief geschlafen, aber jetzt ist sie erlöst und wird den Prinzen heiraten. Er wird das Schloss erben und das halbe Königreich dazu.

Woher Sie das denn wisse? Wann oder wo sie Käthe Hagedorn zum letzten Mal gesehen habe?

Hier verstummt Mareike, und mehr als Wiederholungen desselben Märchens sind nicht aus ihr rauszukriegen.

– Ich denke mal, es ist genug, sagt die Sozialarbeiterin.

– Eine Märchenerzählerin ist alles andere als glaubwürdig, denkt Kröger auch mal und schließt die Ermittlungen an diesem Tage ab.

*

Zwei Wochen später begegnet Birger Gretchen Flintbek: Ganz in Schwarz, rötliche Nase im blassen Beerdigungsgesicht, verweinte wimperlose Äuglein.

Sie kommt gerade vom Friedenshügel, wegen Käthe.

Sie hat ja nichts mitbekommen, weil sie bei ihrer Schwester in Kolding war.

– Woran ist Frau Hagedorn denn gestorben? erkundigt sich Birger.

– Na ja, an Herzversagen, das hat der Arzt festgestellt, und das steht auf dem Totenschein.

– Waren denn viele auf der Beerdigung?

– Nein, nicht viele, außer dem Pfarrer nur dieser Herr Eichborn, eine Dame vom Tierschutzverein und ich. Es war eine Einäscherung.

Drei Tage später steht ein Lieferwagen vor der Tür von Käthes ehemaligem Haus.

„Haushaltsauflösung, Nachlässe, Kleintransporte". In der Windschutzscheibe steht auf einem Schild im Stil eines PKW-Zeichens: HARRY.

Harry hat schon so ziemlich den ganzen Klumpatsch von Käthe auf dem Wagen.

Oben in dem fast leeren Schlafzimmer der Verstorbenen sitzen Manni und Kröger.

In eine Ecke sind vier chinesische Lackmöbel geschoben. Die durfte der Nachlassaufkäufer nicht mitnehmen. Die könnten ja eventuell was wert sein.

Kröger fragt:

– Weshalb hast du eigentlich damals die vordere Tür aufgebrochen, wenn du doch durch den Garten ins Haus kommen konntest?

– Für hinten hatte ich keinen Schlüssel, nur den Schlüssel für die Gartenpforte. Da hätte ich auch reinkommen können und dann die Haustür zum Garten aufbrechen müssen. Aber ich kam ja von unten rauf, vom Hafen. Ich hatte ja keine Zeit und brach die nächste Tür auf, das war die Haustür zur Straße. Ich hatte ja noch gehofft, Frau Hagedorn helfen zu können. Ich kam ja leider zu spät.

– Ja, leider, wiederholt Kröger, was willst du mit dem geerbten Haus anfangen?

– Ich werde es innen schick renovieren. Überall neue Raufasertapeten, das Bad mit Fermazell auskleiden und fliesen, neue Tür zum Garten und die ganze Brombeerdornenhecke abschneiden, vielleicht die Steinstufen zur Eingangstür richten und... und... und.... Du wirst sehn, das wird ein Puppenhaus, richtig schnuckelig... Und dann verkauf ich es.

Mannis Füße in spitzen schwarzen Schuhen stehen in einem optimistischen Winkel von achtzig Grad zueinander, während er Kröger diesen Ausblick auf die Zukunft gibt. Zwischen den beim Sitzen hoch gerutschten Hosenbeinen und den Söckchen bildet sich ein Zwischenraum behaarten weißen Fleisches.

– Was soll denn die Hütte bringen? will Kröger wissen.

– Hundertfuffzigtausend, mindestens.

– Das 'ne Masse Holz für das Zwergenschloss, meint Kröger.

– Mit jedem Zug kommt ein Doofer, antwortet Manni zuversichtlich.

– Dreißig Prozent..., sagt Kröger.

– Wie, dreißig Prozent? will Manni wissen und verengt nervös den Fußwinkel.

– Statistik, erklärt Kröger, dreißig Prozent der Fälle aktiver Erbschaftsregelung kriegen wir nicht restlos aufgeklärt. Der übliche Zusammenhang: Einsamkeit, Herzversagen, Erbschaft. Kein Problem für mich, deinen Fall da einzuordnen.

Manni sieht Kröger aus schmalen Augen an.
– ...Was wird eigentlich aus den Katzen? überbrückt Kröger die eingetretene Stille.
– Die kommen ins Tierheim, verkündet Manni und stellt seine Grinsebäckchen wieder auf Dauerbetrieb ein.

Karen Riefflin

Tødliche Pølser

Der Himmel ist ein Meer. Dunkelgraue Wolken mit gischt-
weißen Rändern rollen schwer über die Stadt hinweg und
bringen den Geruch der salzigen See mit sich. Die verhan-
gene Ewigkeit wird beherrscht von einem ungestümen
Wind, der rücksichtslos mitreißt oder niederstreckt, was
sich ihm in den Weg stellt.

An jedem anderen Ort ließe das Wetter nur den Schluss
zu, dass der Sommer sich verabschiedet, der trübsinnige
November das Regiment übernommen hat und ertragen
werden will. Nicht so in Flensburg: viele Tage sind hier wie
dieser, egal, ob der Kalender Frühjahr, Sommer, Herbst
oder Winter verkündet; die Schärfe des Windes und die
Temperatur des Regens mögen sich ändern, nicht aber ihre
Beständigkeit.

So manchen Sommer kann diese Stadt nicht mit in der
Sonne gleißenden Fensterscheiben dienen, in denen das
Licht eskaliert. Oftmals muss verzichtet werden auf das
Panorama alter Häuser, die auf der anderen Seite der Förde
im rosigen Licht des frühen Morgens erwachen. Nur selten
fangen sie begeistert Feuer, sobald sich der letzte Hauch
des nächtlichen Nebels zurückgezogen hat, den lockenden
Strahlen der wärmenden Sonne nachgebend.

Oftmals muss verzichtet werden auf das Panorama alter
Häuser, die auf der anderen Seite der Förde rot erglühen in
den letzten leidenschaftlichen Strahlen der Abendsonne,
bevor diese sich zur Nacht zurückzieht. Nur selten spie-
geln sie die Reste eines Tages wider, der die Stadt erwärmt
und erhellt hat und der übergeht in einen lauen Sommer-
abend, der in lärmender Gemeinsamkeit auf Straßen und
Märkten verweilt.

Die Siege der Sonne sind selten, und gerade deshalb hin-
terlassen sie umso deutlichere Spuren; wie der Kreis auf der
Netzhaut, der sichtbar bleibt, wenn die Glühbirne, die das
Auge geblendet hat, erloschen ist. Wie sehr es regnen und

stürmen mag, das klare Bild der Schönheit ihrer Stadt hat sich den Bewohnern unauslöschlich eingebrannt, sodass Regen und Sturm sie nicht antasten können.

Die Siege der Sonne sind liebevoll gehütete Geheimgärten im stürmischen Treiben norddeutschen Wetters. Es ist nur eine Frage der Zeit, bis die Sonne sich ihren Weg durch die letzten Tropfen bahnt und sie in Farbe explodieren lässt. Die Menschen, die hier leben, haben Kampfgeist und die Kraft zu warten, wenn sie nicht siegen können, zu warten, bis der Wind sich wendet. Es sind hartnäckige, einsilbige Menschen, die die Zeit gelehrt hat, niemals aufzugeben, und die die Gunst der Stunde nutzen, wenn sie sich ihnen bietet. Was immer der Himmel für den Tag bereithält, der Reiz ihrer kleinen Welt ist unbestritten, selbst wenn ein dichter Schleier aus Regen die Konturen der Stadt nur schemenhaft erahnen lässt. Flensburg ist das Paradies von Menschen, die ihr Heim lieben und es ungern verlassen oder die sich gerne mit der Gewalt der Elemente messen.

Das Zentrum Flensburgs lehnt sich um das Becken der Förde herum zurück und blickt stolz auf seine Quelle, den Hafen. Immer wieder umarmt die Förde diese Stadt; der Wind treibt sie hinaus auf See, und sobald er nachlässt, strömt sie mit Macht zurück, zu viel Macht für die Betonmauern, die sie halten sollen. Trotz überschwemmter Straßen, die den Weg durch die Stadt erschweren, trotz voll gelaufener Keller und Wohnstuben würde niemand sein Heim verlassen – es sind Notwendigkeiten im jährlichen Rhythmus, die gelassen hingenommen werden. Weiter draußen, wo das Hafenbecken sich erweitert und sein Ufer von Fabriken und der Werft in Anspruch genommen wird, hängen die Menschen nicht so sehr an ihrem Wohnort.

Der Volkspark liegt an so einem Ort, in Mürwik. Von Bäumen verborgen vermutet man die Förde. Was das Grün nicht verdeckt, ist ein eigentümlicher Geruch, der sich mit der frischen Brise unter die Spaziergänger mischt. Für verwegene Touristen, die allem gerne auf den Grund gehen und die sich die Herkunft des Geruchs nicht zu erklären vermögen, gibt es im Park ein besonderes Bonbon: ein

Wanderweg, der zu einer freien Stelle hoch über der Förde führt. Von diesem malerischen Platz kann man den Blick über das Klärwerk schweifen lassen, das direkt unterhalb am Ufer liegt. Gewiefte Flensburger vermeiden diesen Weg.

Mürwik ist ein beschaulicher, gutbürgerlicher Teil der Stadt, geprägt von alten Mietskasernen. Nur wenige Einfamilienhäuser bevölkern es, und kaum eines von ihnen wird täglich mit dem Blick auf das Wasser und auf die andere Seite der Förde, auf Dänemark, belohnt.

Eines der Häuser, die auf dem schmalen Streifen über dem Ufer keinen Platz gefunden haben, gehört Herta Petersen. Sie ist eine alte Frau, und jeder Nachbar sieht in ihr den Prototyp der lieben alten Dame, die mit einer Decke über den Knien auf ihrem Sessel sitzt und Deckchen häkelt. Ihr Haus ist umgeben von Krüppelkiefern und Büschen, die den Nachbarn den Blick auf die vermeintlich friedliche Insel des Ruhestands verwehren, die sie sich mit ihrer Freundin Anna Sörensen geschaffen hat. Die beiden sind nicht einsam, wie so viele Frauen, die ihre Männer überlebt haben. Nachdem beide Gatten tot waren, sind sie zusammengezogen.

Annas Mann ist an einem Schlaganfall dahingeschieden. Nach einem Leben voller Bier und Korn fand Herta es zwar kaum vorstellbar, dass er Hirn übrig gehabt haben sollte, das von einem Schlag getroffen werden konnte, aber taktvoll wie selten hat sie Anna nie mit dieser Erkenntnis zu trösten versucht.

Hertas Mann ist vor vielen Jahren nach einer großen Portion seiner Leib- und Magenspeise, dänischen Pølsern, sanft entschlafen. Ein schöner Tod.

Seither ist Herta aufgeblüht und gibt sich gern den Anschein von Jugendlichkeit; sie ist stolz auf ihre Frauenkommune. Anna war anfänglich vor allem froh, fast mietfrei zu wohnen und nicht alleine sein zu müssen. Sie hatte nie gelernt, selbstständig zu sein. Herta hat ihr gut getan, und heute würde ihr Verblichener sein gehorsames Frauchen hinter der zänkischen Fassade kaum mehr erkennen.

Es klingelt an der Tür. Die zwei alten Damen auf dem Sofa, die heute Nachmittag schon zu viel Eierlikör getrunken haben, zucken zusammen. Anna rückt enger an ihre Freundin Herta heran: „Wenn wir einfach nicht aufmachen, vielleicht gehen sie dann wieder?"

„Nein, das glaube ich nicht. Selbst wenn sie jetzt gehen, sie werden wiederkommen."

„Mach noch nicht auf. Warte."

„Du brauchst keine Angst zu haben. Es wird schon funktionieren."

„Bist du sicher?"

„Natürlich bin ich sicher. Tu nur, was ich dir gesagt habe."

„Also gut."

Sie geht zur Tür und öffnet. Ein sympathischer Mann mittleren Alters steht vor ihr.

„Frau Petersen, ich bin von der Kriminalpolzei", sagt er vorsichtig. „Mein Name ist Schütt, Kommissar Schütt. Es tut mir sehr Leid, ich habe eine schlechte Nachricht für Sie. Heute Morgen wurde ein Mann an der Imbissbude unten am Hafen tot aufgefunden. Den Papieren nach handelt es sich um Ihren Sohn, Harro Petersen. Ich muss Sie bitten, mit mir zu kommen und die Leiche zu identifizieren."

„Sie können mich gleich mitnehmen. Ich habe meine Tasche schon gepackt."

„Wie bitte?"

„Ich war es. Ich habe meinen Sohn umgebracht."

„Ach was."

Verblüfft blickt er sie an. Sein detektivischer Geist dreht sich im Leerlauf.

„Das stimmt nicht", tönt es plötzlich aufgeregt vom anderen Ende des Flurs. „Ich war es. Ich habe ihn getötet, und ich würde es jederzeit wieder tun."

Kommissar Schütt sammelt seine verschüttete Gemütsruhe wieder ein und sagt: „Vielleicht wäre es das Beste, wenn Sie beide mit mir kommen würden."

„Ja, sicher, Herr Hauptkommissar", lächelt Herta. Sie nimmt die bestickte Reisetasche an sich, steigt umständlich

Er war ein schlechter Mensch ...

in die Jacke und greift zum Stock, bevor sie ihm folgt. Anna tut es ihr gleich.

„Kommissar, einfach nur Kommissar."

„Sicher, mein Jung."

Sie treten hinaus in die tosende Seeluft, die ihren alten Lungen das Atmen erleichtert und ihren alten Frisuren das Ausharren erschwert.

„Er sieht ein bisschen aus wie dein Sohn Günther, findest du nicht?", fragt Anna.

„Ja, das habe ich auch schon gedacht", erwidert Herta erfreut. „Sie sehen ein bisschen aus wie mein Sohn Günther."

„Ach."

„Günther lebt in Afrika, müssen Sie wissen. Er ist ein guter Junge. Er ist Löwenforscher."

„Aha."

Der Kommissar hält ihnen die Tür auf und fährt besonders vorsichtig an.

„Es wäre besser gewesen, er wäre in Flensburg geblieben", bemerkt Anna spitz.

„Ach, ich weiß nicht. Vielleicht wäre er dann geworden wie sein Bruder."

„Dann ist es gut, dass er nach Afrika gegangen ist. Sonst wäre er jetzt auch tot."

„Ja, das ist wohl so."

„Vielleicht wollen Sie mit einem Anwalt sprechen?"

„Wozu?"

„Sie haben einen Mord gestanden."

„Anna lügt. Harro war mein Sohn. Warum sollte sie ihn umbringen?"

„Ich lüge nicht, du Schandmaul. Ich kann nicht mal schummeln, wenn wir Schummellieschen spielen."

„Ich glaube dir kein Wort."

„Wie kannst du es wagen! Ich bin immerhin drei Jahre älter als du."

„Was für einen Unterschied macht das, wenn man über achtzig ist?"

Verwirrt blickt Kommissar Schütt in seinen Rückspiegel

und hofft, dass die beiden sich nichts antun. Nicht auszudenken, wenn eine dieser netten Damen sich in seinem Dienstwagen die Hüfte bricht. Insgeheim ist er froh, dass er mit keiner der beiden verwandt ist.

Im Leichenschauhaus drängen die zwei sich dicht aneinander, als der Arzt das Tuch hebt.

„Ist dies Ihr Sohn Harro Petersen?"

„Ja, das ist er."

Die Frauen entspannen sich sichtlich.

„Er hat bekommen, was er verdient hat, findest du nicht?"

„Ja, das finde ich auch. Er war genau wie sein Vater."

„Ja."

Der Polizist und der Arzt blicken sich an.

Auf dem Revier werden die Personalien der beiden Frauen aufgenommen. Der Kommissar klärt einen seiner Kollegen über den Stand der Dinge auf und bittet ihn, Anna Sörensen zu vernehmen, während er mit Herta Petersen spricht.

Die beiden werden in separate Räume geführt, wo sie an einem kahlen Tisch Platz nehmen.

„So, Frau Petersen, dann erzählen Sie doch mal."

„Das ist aber nicht schön für Sie. Können Sie denn Ihren Arbeitsplatz nicht ein bisschen gemütlich machen? Ich glaube, mit ein paar Gardinen würde der Raum gleich ganz anders aussehen."

„Ich arbeite nicht wirklich in diesem Raum. Hier verhören wir nur Leute, die... Frau Petersen, wir wollten über den Tod Ihres Sohnes reden."

„Ich habe es getan. Ich habe meinen Sohn umgebracht."

„Warum haben Sie es getan?"

„Er hat es verdient."

„Wie meinen Sie das?"

„Er war ein schlechter Mensch. Ich habe mit ihm nichts richtig machen können." Die alte Frau seufzt.

„Er war ganz anders als Günther. Sie müssen wissen, Günther ist mein anderer Sohn. Er ist Löwenforscher in Afrika."

33

„Ja ja, ich weiß."

„Kennen Sie ihn?"

„Nein."

„Sie sehen ihm ähnlich."

„Sie müssen doch einen Grund gehabt haben."

Wieder seufzt sie schwer. „Es ist eine lange Geschichte."

„Ich habe Zeit."

„Also gut. Ich bin vor sechzig Jahren nach Flensburg gekommen. Damals hätte ich noch gesagt, ich bin aus dem Rheinland hierher emigriert und lebe im Exil." Sie lächelt. „Ich habe Flensburg gehasst. Ich habe den Regen und den Wind gehasst; vor allem den Wind, der das ganze Jahr zu einem ewigen Herbst zusammenfegt. Mein Leben war lange Zeit ein nicht enden wollender Herbst. Vielleicht wäre es richtiger zu sagen, es war ein endloser Tag im Herbst, einer jener Tage, an denen es morgens regnet, wenn man erwacht, vielleicht nur ein bisschen, sodass man hoffen kann, dass es besser wird, später dann mehr und mehr, bis man einsehen muss, dass der Regen nicht enden wird, niemals. Mein Leben hatte sich eingeregnet."

Kommissar Schütt hatte es gewusst. Sag niemandem über siebzig, du habest Zeit für eine lange Geschichte. Er würde morgen noch hier sitzen.

„Mein Mann war ein gleichgültiger, kalter Mensch; er war wie das Wetter hier oben. Ich konnte meine Heimat einfach nicht vergessen, das schöne Rheinland. Ich habe meinen Mann auf dem Karneval kennen gelernt. Wie jeck ich an jenem Abend wirklich war, habe ich erst festgestellt, als es zu spät war. Wir haben geheiratet und sind nach Flensburg gezogen. Er war hier geboren und hat auf der Werft gearbeitet. Es war keine glückliche Ehe. Ich habe mich sehr einsam gefühlt. Er hat sich in der „Bärenhöhle" am Hafen rumgetrieben, hatte Weibergeschichten, und ich habe alleine zu Hause gehockt. Es war ihm egal, ob ich glücklich war oder nicht; es war ihm egal, ob ich da war oder nicht, solange nur das Essen rechtzeitig auf dem Tisch stand und seine Hemden gebügelt waren. Natürlich waren sie nie ordentlich genug gebügelt, und er hatte ständig etwas an meinem Essen auszusetzen. Irgendwann habe ich Anna kennen gelernt. Ihre Tochter ging mit Harro zur Schule. Übrigens, egal was sie sagt, sie lügt. Ich bin ganz allein verantwortlich für den Tod meines Sohnes."

„Ich werde das bedenken."

„Ihre Tochter ist jetzt auch schon seit fünf Jahren tot, ein Sportunfall im Urlaub. Wirklich tragisch."

„Aha."

„Meine Söhne wurden spät geboren, und kurz nach der Geburt von Günther ist mein Mann verstorben. Nun hätte ich damals nach Köln zurückkehren können, aber ich hatte ein bezahltes Haus in Flensburg, Harro ging zur Schule, und ich hatte Anna. Ich habe mich also entschieden zu bleiben. Ich glaube, der Regen und der Wind hätten mir gefehlt. Ich habe erstaunt festgestellt, dass Flensburg mir gefiel, wo ich nicht mehr jeden Morgen neben diesem Mann aufwachen musste. Diese Stadt hat sich in mich eingeschlichen, ohne dass ich es bemerkt habe. Die kleinen Gassen, die gepflasterten Hinterhöfe, die alten Häuser, die Schreie der Möwen, die bei Sturm bis Mürwik kommen... Der Gedanke fortzugehen hat mich überhaupt nicht gelockt. Es ist seltsam, wie die Dinge sich ändern."

„Ich bin mir nicht sicher, was das mit dem Mord an Ihrem Sohn zu tun hat."

„Harro war genau wie sein Vater. Was er wollte, das musste er bekommen, ohne Rücksicht auf Verluste. Ich habe mir das lange, lange angesehen; solange ich es eben ertragen konnte."

„Wann konnten Sie es nicht mehr ertragen?"

„Anna war zu mir ins Haus gezogen; es war zu groß für mich allein. Wir hängen sehr an dem Haus. Ihre Ehe war auch nicht sehr glücklich, müssen Sie wissen. So war das damals; man hat jemanden geheiratet, den man kaum kannte, und musste dann aufs Beste hoffen. Die jungen Dinger heute haben es leichter. Sie können mit einem Mann zusammenziehen, und wenn er ihnen doch nicht gefällt, trennen sie sich wieder. Anna und ich, wir konnten uns nicht trennen. Wir mussten das Leben so nehmen, wie es kam. Aber nachdem unsere Männer gestorben waren, haben wir es uns schön gemacht. Wir teilen uns alle Aufgaben um das Haus, helfen uns gegenseitig, und wir haben viel Spaß miteinander. Wir spielen gerne, Schummellieschen, Rommee, sogar hin und wieder Skat. Unser Leben ist kein Herbst mehr, seit wir zusammen in meinem Haus leben. Wir sind endlich glücklich."

„Das ist alles sehr interessant, aber..."

„Ja, ich weiß schon, ihr jungen Leute habt es immer eilig, nicht? Also, letzte Woche war Harro bei uns zum Essen, und er hat mir vorgeschlagen, das Haus auf seinen Namen zu überschreiben, damit wir die Erbschaftssteuer umgehen können. Ich mag alt sein, aber ich bin nicht dumm. Es war sein größter Fehler, dass er diesen Unterschied verkannt hat. Er hat zwischendurch seine Frau angerufen. Ich konnte dieses Weibsbild nie leiden. Als ich sie das erste Mal gesehen habe, wusste ich, dass sie nichts taugt. Er hat bei ihr angerufen und ihr gesagt, dass es so aussieht, als könne er uns überreden. Sie solle sich um die Prospekte der verschiedenen Altenheime bemühen.

Ich habe mal gelesen, dass die Eskimos ihre alten Leute auf eine Eisscholle setzen und sie ins Meer treiben lassen, wo sie einsam und allein sterben. Die westliche Welt steckt ihre Alten in Altenheime, wo sie einsam und allein sterben.

Wie konnte er es wagen! Er wollte zerstören, worauf wir so lange hatten warten müssen. Ich war nicht bereit, mir die Freiheit und die Zufriedenheit wieder nehmen zu lassen, die ich mir mühsam erkämpft hatte. Das war der Moment, in dem ich beschlossen habe, dass er endlich zahlen muss. Ich habe beschlossen, dass er sterben muss. Schließlich bin ich es, die ihm das Leben geschenkt hat. Wer wäre besser geeignet, es ihm wieder zu nehmen."

„Einfach so?"

„Ja. Verstehen Sie, ich liebe meine Söhne. Aber mein Mann hat Harro zum Tyrannen erzogen. Mit drei Jahren hat er mich schon durch die Gegend gescheucht. Und seit sein Vater tot ist, redet er nur noch mit mir, um zu meckern oder mich um Geld zu bitten.

Günther ist anders; dafür habe ich gesorgt. Als er geboren wurde, wusste ich, dass es so nicht weitergehen konnte, dass etwas passieren musste. Ich wollte nicht zulassen, dass mein Mann mir dieses Kind auch noch nimmt. Er ist fast zehn Jahre jünger als Harro, und seinen Vater hat er kaum erlebt. Er war ein Jahr alt, als mein Mann starb; das war sein Glück und meines auch. Ich war froh, dass mein Mann starb. Endlich konnte ich die Dinge in die Hand nehmen, und vor allem hat er nur einen meiner Söhne verderben können. In Wirklichkeit ist er derjenige, der die Schuld an dieser Tragödie trägt. So sehr ich es nach seinem Ableben versucht habe, ich konnte an Harro nicht herankommen; für ihn waren Frauen da, um seine Wünsche zu erfüllen.

Als er also letzte Woche da war, habe ich ihm gesagt, er solle uns die Verträge dalassen und nächste Woche zum Essen kommen. Ich habe ihm seine Leibspeise versprochen: dänische Pølser, die mit den roten Würstchen."

„Ja, die kenne ich."

„Mögen Sie sie? Ich kann Ihnen ja mal welche machen. Meine Pølser sind gut. Eigentlich sind es die besten südlich der Grenze."

„Danke, aber vielleicht lieber nicht."

„Ja, Sie haben Recht. Das ist keine gute Idee."

„Und wie haben Sie ihn getötet?"

„Ich habe die Würstchen vergiftet. Ich habe sie vorsichtig aufgeschnitten und Schlafpulver hineingestreut, viel Schlafpulver. Zur Sicherheit habe ich auch welches in sein Bier gemischt. Er trank immer so gerne Bier."

„Aha."

„Ja, ich habe ihn vergiftet, und das war richtig so. Kaum hatte er sein eigenes Geld, da habe ich ihn nicht mehr gesehen. Hin und wieder kam er, wenn er etwas von mir wollte: einen Kuchen, dänische Pølser oder ein bisschen Extrageld in letzter Zeit. Seit er mit dieser Frau zusammen war, kam er mit seinem Geld nicht mehr aus. Er hat für sie den reichen Mann gespielt, aber auch wenn er ein gutes Einkommen hatte, reich war er nicht. Harro war ein selbstsüchtiger, rücksichtsloser Mensch; es war Zeit, dass ihm jemand Einhalt gebietet. Er hat bekommen, was er verdient.

Alle meinen, dass alte Leute nicht beachtet werden müssen. Wir schrumpfen und werden faltiger, aber wir sind noch da, und wir haben ein Recht, da zu sein. Man kann nicht einfach so tun, als würden wir nicht existieren! Noch leben wir!"

Betreten blickt Kommissar Schütt sie an. In der Tat, diese alte Frau ist mit Sicherheit sehr existent.

„Was ich nicht verstehe, Frau Petersen, wie haben Sie die Leiche zum Hafen geschafft? Ihr Sohn ist ein ausgewachsener Mann. Was wiegt er? Hundert Kilo? Ohne Ihnen zu nahe treten zu wollen, wie können Sie das geschafft haben?"

„Gar nicht."

„Bitte?"

„Ich habe ihn gefüttert, und dann habe ich ihm gesagt, was ich von ihm halte, und dass er bitte gehen möchte. Er wohnt in Schleswig, und bei der Menge Schlafmittel, die ich in seine fünf Würstchen gemischt habe, war ich sicher, dass er es nie im Leben schaffen würde, heil nach Hause zu kommen. Ich dachte, dass er wahrscheinlich am Steuer einschläft und einen Unfall baut. Wie er an den Hafen gekommen ist, ist mir ein Rätsel."

Es ist auch Kommissar Schütt ein Rätsel.

„Warum haben Sie ein Geständnis abgelegt?"

„Wie bitte?"

„Warum? Wenn Sie dafür Sorge getragen haben, dass es aussieht wie ein Unfall, hatten Sie doch keinen Grund anzunehmen, dass wir Sie verdächtigen würden."

„Ich bin alt und müde. Wir haben in den Nachrichten gehört, dass eine Leiche am Hafen gefunden wurde, in einem Auto mit Schleswiger Kennzeichen. Da wir von keinem Unfall auf der Strecke nach Schleswig gehört haben, wusste ich, dass es Harro sein musste. Ich lese Krimis, und ich weiß, dass die nächsten Angehörigen immer zuerst unter Verdacht stehen. Es hätte Sie einen Anruf gekostet herauszufinden, was Harro mit uns vorhatte, und ich habe weder die Kraft noch die Zeit, lange mit Ihnen zu kämpfen. Ich habe es versucht, und es hat nicht geklappt."

„Sie haben schnell aufgegeben, wenn man bedenkt, dass Ihre Freiheit Ihnen einen Mord wert gewesen ist."

„Meine Mutter hat immer gesagt, wenn man einen Fehler gemacht hat, muss man dazu stehen. Es nützt nichts wegzulaufen oder zu lügen. Ich habe einen Fehler gemacht."

„Ja?"

„Ja. Ich hatte gedacht, dass ich den perfekten Mord begangen hätte, dass ich heute die Nachricht erhalten würde, dass mein Sohn bei einem tragischen Autounfall sein Leben verloren hat. Niemand sollte auf die Idee kommen können, dass es sich um Mord handelt. Aber es ist alles anders gekommen, nicht wahr?"

Die Tür geht auf und eine junge Beamtin steckt ihren bezopften Kopf in den Raum: „Telefon für Sie, Herr Schütt."

„Entschuldigen Sie mich bitte. Ich bin sofort zurück."

„Ja, gehen Sie nur."

Der Kommissar tritt hinaus auf den tristen Korridor und folgt der jungen Frau mit auf grünem Linoleum quietschenden Gummisohlen zum Telefon.

„Kommissar Schütt."

„Herr Schütt, hier spricht Doktor Premke. Wir haben die erste Untersuchung abgeschlossen, und ich dachte mir, Sie möchten die Todesursache so schnell wie möglich erfahren."

„Ja, sehr gut."

„Der Mann ist mit einem stumpfen Gegenstand erschlagen worden."

„Wie bitte?"

„Ein stumpfer Gegenstand. Vielleicht aus Metall, aber ich kann noch nicht sagen welches."

„Sind Sie ganz sicher?"

„Natürlich bin ich sicher. Wir haben noch nicht alle Untersuchungen abgeschlossen, aber die Todesursache steht außer Frage."

„Man konnte keine Wunde sehen."

„Nein, ich weiß. Die Wunde ist nur sehr klein. Sie befindet sich am Hinterkopf und wurde von seinem Haar sorgfältig verdeckt, bevor er am Hafen abgelegt wurde. Er ist zum Fundort transportiert worden, als er schon tot war. Wir hatten Probleme, an die Wunde heranzukommen. Sein Haar wurde toupiert, und es war regelrecht zugekittet mit Unmengen von Haarspray. Es hat sich jemand Mühe gegeben, den Grund seines Todes zu verschleiern."

„Der Zeitpunkt?"

„Gestern Abend, zwischen acht und zehn."

„Könnten Sie die Leiche auf Schlafmittel untersuchen?"

„Sicher, aber das wird nichts an der Todesursache ändern."

„Gut, vielen Dank. Rufen Sie mich an, wenn Sie alle Untersuchungen abgeschlossen haben."

Als Kommissar Schütt wieder in den Untersuchungsraum zurückkommt, steht die alte Frau mit den zerzausten, grauen Locken am Fenster und blickt hinaus. Sie sieht, wie die Autos sich unten an der Baustelle vorbeischlängeln, die schon so lange den Verkehr in der Innenstadt behindert, dass sie zu einer Dauereinrichtung geworden zu sein scheint. Langsam reihen die Wagen sich in eine Spur, um das Hindernis zu umgehen. Schimpfend weicht ein Fahrer dem dänischen Wagen aus, der auf seine Spur wechselt, ohne sich die Mühe zu machen zu blinken. In ihrer Garage steht auch ein Auto, ein alter Käfer. Seit sie in Flensburg lebt, fährt sie unfallfrei, worauf sie zu Recht stolz ist. An den Wochenenden sind Anna und sie immer nach Quellental gefahren, um spazieren zu gehen.

‚Ich gebe nicht einfach auf und lasse mit mir machen, was immer anderen Leuten in den Sinn kommt. Falls es nicht klappt, könnte ich mit Anna einen Fluchtversuch machen, vielleicht. Aber wahrscheinlich würden wir kläglich scheitern. Wir fahren und laufen zu langsam; außerdem leben wir in Flensburg, nicht in einem amerikanischen Gangsterfilm.‘

„Frau Petersen, hören Sie mich?"

„Entschuldigen Sie", lächelt sie ihn an. „Ich war wohl in Gedanken."

„Frau Petersen, Sie können nach Hause gehen."

„Wieso?"

„Ihr Sohn ist nicht an einer Überdosis Schlafmittel gestorben."

„Ist er nicht?"

„Nein, er wurde erschlagen."

„Von wem?"

„Das wissen wir noch nicht. Wann ist er gegangen?"

„So um viertel nach sieben, halb acht haben wir ihn gebeten zu gehen... Sie sind sicher, dass ich einfach gehen kann?"

„Sicher, aber Sie sollten mir für weitere Fragen zur Verfügung stehen. Bleiben Sie in der Stadt."

„Das ist alles? Selbst wenn ich ihn nicht getötet habe, ich habe es versucht. Ich wollte ihn töten."

‚Wie rührend alte Damen in ihrer antiquierten Anständigkeit sind', überlegt Kommissar Schütt. Er muss an seine eigene Oma denken und daran, wie sehr er sie vermisst.

„Darüber werden wir noch reden, gegebenenfalls."

„Vielen Dank."

Anna wartet schon vor der Tür, als Herta ihre Sachen zusammengesucht hat und den Vernehmungsraum verlässt.

„Wir dürfen gehen."

„Ja."

Die beiden werden von einem jungen Mann nach Hause gefahren.

„Ich finde, der junge Mann sieht ein bisschen aus wie dein Sohn Günther."

„Er sieht überhaupt nicht aus wie Günther. Mein Sohn Günther ist Löwenforscher in Afrika, müssen Sie wissen."

„Aha."

„Ja, und er sieht Ihnen überhaupt nicht ähnlich."

„Nein?"

„Nein, das tut er nicht."

„Doch, das tut er."

„Er ist mein Sohn. Das werde ich ja wohl besser wissen als du."

„Du hattest schon immer schlechte Augen."

„Du kannst dich nicht mal mehr an die Zeit erinnern, als deine Augen so gut waren wie meine heute."

„Das ist nicht wahr."

„Das ist wahr."

Abends sitzen die alten Damen am Küchentisch und essen Bratkartoffeln mit Hering.

„Ich habe dir doch gesagt, dass es funktionieren wird."

„Ich kann es kaum glauben. Es hat tatsächlich geklappt. Wer hätte das gedacht? Ich hatte wirklich Angst."

„Dafür gab es keinen Grund. Es war ein guter Plan, und wir haben unser Ziel erreicht."

„Bist du sicher, dass nichts nachkommen wird?"

„Wie denn? Sie wissen genau, dass wir nicht in der Lage sind, Harro zu erschlagen oder an den Hafen geschafft zu haben. Wir können es nicht getan haben. Für den Rest der Ermittlungen sind wir ohne Bedeutung, gerade weil wir so ‚ehrlich' waren..."

„Wann hören wir von Günther?"

„Er meldet sich, sobald er sicher in Kenia angekommen ist."

„Günther ist ein guter Jung; extra nach Deutschland zu kommen, um uns zu helfen."

„Ja, so ist er."

„Und du bist sicher, dass er nicht bemerkt worden ist?"

„Wie sollte ihn jemand bemerken? Er ist mit deutschem Pass in einem Wagen mit Flensburger Kennzeichen über die dänische Grenze gekommen. Hast du eine Ahnung, wie oft das passiert? Tausende Flensburger tun das täglich."

„Ohne ihn hätten wir unseren Plan nie in die Tat umsetzen können. Dein Junge hat alles genauso gemacht, wie wir es wollten."

„Er tut immer, was ich ihm sage."

„Er hat die Leiche sogar am richtigen Platz deponiert. Ich finde, die Frittenbude wäre auch die ideale letzte Ruhestatt für Harro gewesen."

„Ja, so symbolisch. Er hat immer zu viel Fett zu sich genommen. Er wäre ohnehin nicht alt geworden."

Die beiden kichern amüsiert.

„Nun, man soll seine Kinder nicht überfordern. Wir hätten schlecht verlangen können, dass Günther seinen Bruder auch noch begräbt."

„Das wäre auch gar nicht möglich gewesen. Die Bude steht auf Kopfsteinpflaster und Günther ist Forscher. Auch wenn er in Afrika forscht, so ein glückliches Händchen hat er nicht mit Aufgaben, die mit der Hand zu erledigen sind. Er muss zu viel nachdenken, das bekommt den Händen nicht."

Aus trüben Augen lächeln die zwei alten Frauen einander an. Sie haben abgewartet, bis der Wind aus der richtigen Richtung wehte, haben ihre Chance ergriffen und das Glück ihrer alten Tage verteidigt. Für sie wachsen die Bäume nicht mehr in den Himmel, aber sie tragen jedes Jahr ein volles, dunkelgrünes Kleid über ihren weit verzweigten Ästen.

„Der Sturm hat nachgelassen."

„Zum Glück. Meine Knochen vertragen diese Kälte nicht."

„Morgen soll es richtig schön werden."

„Da bin ich sicher."

„Was für eine absurde Annahme, irgendjemand würde zu vergifteten Pølsern greifen, um einen Mord zu begehen", sagt Anna nach einer Pause.

‚So absurd ist die Idee nicht', denkt Herta bei sich. ‚Einmal hat es geklappt.'

Birgit Hambach-Uldall

Die Möwen schreien es aus

Dem Angeklagten gebührt das letzte Wort. Ja: ich bin der Angeklagte, und nachdem die Staatsanwaltschaft und mein Anwalt ihre Plädoyers beendet haben, bin ich an der Reihe, ein Schlusswort an Sie zu richten. So ist es Brauch oder sogar Gesetz.

Ich stehe hier auf dem Anklageplatz und fühle mich so nackt wie nie. Obwohl ich meinen besten Sakko trage und eine Krawatte umband. Meine Damen und Herren... Ich muss mich erstmal hineinfinden in das, was ich sagen will. Die Augen aller Anwesenden sind auf mich gerichtet, nicht zum ersten Mal heute in diesem würdigen Raum, Verhandlungssaal No. 324. Sachlichkeit und Genugtuung sehe ich in den Gesichtern der Richter und Schöffen, der mitschreibenden Protokollführerinnen, der bewachenden Beamten und der Zeugen, soweit sie heute teilnehmen wollten.

Der Sachverständige ist abgereist. Und der Gerichtszeichner hat seine Porträts schon gestern in die Redaktion gegeben. Man wird direkt populär! Die Öffentlichkeit ist wieder zugelassen. Ich wurde nicht gefragt, ob es mir recht sei. Und so sitzen die Zuhörer erwartungsvoll hinter dem gedrechselten Absperrgitter, liebevolle Handwerksarbeit, althergebracht wie alles in diesem Gebäude. Sehenswert. Man lässt sich sensationelle Verfahren nach einem so tragischen Ereignis wie diesem nicht entgehen. Ich stehe hier, und meine Knie, meine Hände beben, meine Stimme ist belegt.

Derjenige, der sich auf den Weg machte, um so zu handeln, wie es dann geschah, muss bestraft werden.

Ich habe es getan, ich habe es gestanden, nun ist über mich das Schuldurteil zu fällen.

Aber missverstehen Sie nicht meine Worte! Ich spreche nicht um eines möglichen Mitleides willen. Auch alles Pathetische liegt mir fern, oder Eitelkeit. Pressefotografen und Fernsehen warten vor den Türen unseres getäfelten

Schwurgerichtssaales. Wir hier sind ganz unter uns, am Ende einer Reihe von Verhandlungstagen. Wir kennen einander, waren aufgeregt und empört, wir standen uns in Fronten gegenüber, vielleicht übermüdet oder unaufgelegt oder mit privaten Angelegenheiten nebenher beschäftigt, Kindestaufe zu Hause oder Silberhochzeit, Examensprüfungen, Versetzungsangeboten an eine andere Gerichtsbarkeit – all dies wissen Sie ja genauer als ich, für den es nur um ihn selbst ging. Aber die Parteien wuchsen wie zu einer Arbeitsgemeinschaft zusammen. Unser Ziel formte fast ein Team aus uns, ich jedenfalls habe es so empfunden. Ich erlebte mich in der Welt, wie die Menschen um Klärung und Gerechtigkeit bemüht waren, wie sie um meine Person, um Gründe und milderndes Beiwerk rangen – Sie entschuldigen meine schwachen Ausdrücke, ich verstehe mich nicht auf die Sprache der Justiz, der Ausdruck Justiz allein klingt schon messerscharf. Meine Sache hier ist nun entschieden, erledigt. Ich empfinde es fast mit Erleichterung. Ich kann es so hinnehmen.

Nein, ich bin nicht ungeübt im Sprechen wie vielleicht manch anderer in meiner Situation. Ich habe ja – Sie wissen es – jahrelang junge Leute in Mathematik unterwiesen, Navigation, Nautik, es ist ein schönes Fachgebiet. Es liegt genau im Schnittpunkt zwischen uralten Zahlengesetzen, bewegten Naturelementen und unserer Technik. Die Schüler begriffen das schon, junge Erwachsene, das hob uns ab aus dem Alltäglichen für diese kleine Schulstunde.

Entschuldigen Sie mein Abschweifen, ich denke in Sturzbächen. Ich habe direkt Kopfschmerzen davon. Nein, ich wollte noch sagen, dass ich das freie Sprechen ja auch als Sportleiter im Verein unseres Dorfes gelernt habe, ebenso den Umgang mit jungen Menschen.

Jahrelang führte ich die Gruppe. Da war auch die Kleine dabei, eifrig und mit gesundem, sportlichem Ehrgeiz. Zierlich, bezaubernd, jedoch nicht eigentlich hübsch, denn ihr Gesicht war etwas wässrig: alles daran war zu blond. Sie war die Tochter der Nachbarn nebenan. Ihr Vater war mein Freund, Sie wissen es. Er starb zu früh. „Viel zu früh", sagten alle im Dorf und wiegten bedenklich den Kopf, als sei dies ein böses Omen.

Ich verlor einen Freund. Das Mädchen seinen Vater. Vielleicht wäre alles nicht so gekommen, wenn nicht auf diese Weise – sagen wir mal: die Gelegenheit sich geöffnet hätte. Ich bin auch traurig seinetwegen, dass es so kam, Sie können es mir glauben. Lassen Sie es mich grad nochmal sagen, es tut mir gut, denn das Kind wärmte mich, meine Seele sozusagen. Ich war ja im Grunde allein. Wer ist das nicht, meinen Sie. Aber ich war auch allein mit dem Problem, das in mir wuchs und Schauer auslöste und mir doch wohl tat.

Eigentlich bin ich fertig mit der Sache. Aber heute war ich, natürlich, wieder nervös, wie anfangs und wie auch schon bevor hier alles losging. Heute muss ich wieder meinen Mann stehen. Kein Wunder, die Kopfschmerzen, „Stress" sagt man.

Herr Vorsitzender, Sie winken ab. Bitte unterbrechen Sie mich nicht, ich komme noch zu dem, worum es mir geht. Die Unruhe bringt mich durcheinander.

Ich lehne das Kind heute ab! Es hat mich zerstört. Nie würde ich es an seinem Grab besuchen. Ich hasse es so sehr, ich könnte es nochmal umbringen! Aber anders. Als Konsequenz also. Mit einem „Deshalb!" Entschuldigen Sie. Wie unklug von mir, das zu sagen. Es ist verfänglich. Als hätte ich keine Reue! Sie starren mich alle so an. Die Gedanken rutschen mir aus. Beim Reden kann man neu denken. Es ist das letzte Mal, dass ich mich vor Ihnen rechtfertige, zu rechtfertigen versuche, die Möglichkeit dazu habe.

Ja – also.

Ich hatte in der letzten Zeit auch Augenblicke ruhigen Denkens. Ich war dann nicht mehr in einem Nur-Hier. Als wäre ich schon weiter, verstehen Sie.

Mein Leben ist ja verfehlt.

Die Menschen denken nur in ihrem Lebenszeitraum, als breche dann alles ab. So ist es wohl auch. Und man tut besser daran, die Überlegungen nicht ... sagen wir mal zu konkretisieren. Daran habe ich mich immer gehalten. Man vergisst ja auch diese Fragen im Trubel der Vielfalt sonst. Wissen Sie, es war mein Onkel, der mich als Jungen in diese Dinge einführte. Er saß an seinem kleinen Rauchtisch unter der Stehlampe, beides hat man ja heute gar nicht mehr, aber auch damals vor 30 Jahren waren solche Möbel schon nicht mehr modern, er saß in Hausjacke und Pantoffeln und zeichnete Figuren mit Zirkel und Lineal, berechnete Kegelabschnitte oder unbekannte Größen aus Buchstaben. Ich stand dabei, und er lehrte mich darin zu denken. Das Wichtigste waren mir seine Worte: „Dieses sind zwei fast parallele Geraden. Erst in der Unendlichkeit treffen sie aufeinander." Und wie er das sagte, „Unendlichkeit", hob er, fühlte ich, mich in eine Existenz vor neuem Hintergrund.

Darin war mein Welt-Da-Sein nur ein Teil, den ich nun wie von weitem betrachten konnte, als sei ich außerhalb, so auch jetzt, obwohl ich zwischen Ihnen bin und meinen Tag absitze. Da sind keine Grenzen abgesteckt: Die Dimensionen durchtränken sich. Sofern Sie verstehen, was ich meine.

Wir müssen es unterscheiden: unser Dasein hier in der Welt und unsere Existenz vor dem Erhabenen, das wir über die Mathematik erreichen. Auch vor diesem Höchsten habe ich ja für mich einzustehen. Vor ihm ist meine Gestalt frei von weltlichen Bedingungen. Auf dieser Schiene läuft mein Dank an ihn. Ich bin frei, und er ist ohne Vorwurf.

Vorerst sind wir im Irdischen gebunden. Ich bin schuldig, und Sie sitzen über mich zu Gericht. Wenn er es könnte, würde Gott den Kopf schütteln über die Verwerflichkeit, in der wir bedenkenlos leben. Sind die anderen besser? Seid ihr es, ihr Zuhörer hinter mir, meine Freunde? Hier unten ist der Sündenplatz! Wir atmen alle dieselbe Luft ein und verteilen sie dann gleichermaßen. Der einzige Unterschied besteht darin, dass manche der Meinung sind, ihre Ausatmung wirke reinigend. So habe ich in allen Jahren öfter gedacht. Sie heben die Hand, Herr Richter, und ich werde meinen Zorn zähmen. Alles geschieht immer und überall, auch das, was jetzt hier passierte. Die Menschen sind aufgebracht, entrüstet, uneins unter sich über die zu treffenden Maßnahmen, und ich habe ihre Wirrnis angezettelt. „Denkt an das Opfer!", rufen sie, „an die Qualen, denkt an das unauslöschliche Leid!" Wir haben das in den Zeitungen verfolgt. „Hängt ihn!", geifern die Schwätzerinnen. „Erschießt ihn!", heißt es um den Stammtisch herum, „setzt ihn auf den elektrischen Stuhl. Oder stoßt ihn in eine Felsengruft und kettet ihn dort an!" Und die Besonneneren raten: „Schneidet ihm die Sachen heraus, macht ihn unfähig." Und dann trägt er die Blamage mit sich herum.

Sie hier, Hohes Gericht, stehen direkt ein bisschen schützend hinter mir. Sie haben den Vorfall in der Welt zu ordnen. Für Gerechtigkeit zu sorgen. Das Böse durch seine Sühne zu glätten. Den Richterspruch zu verkünden. Dazu tragen Sie Ihre Roben, dunkle weite Roben. Da passt vieles drunter. Aber meistens tragen Sie sie offen, locker. Ja: locker. Ohne die Roben des Gerichtes könnte ich Ihr Urteil nicht hinnehmen. Am liebsten würden Sie mich hinrichten lassen! Ich hätte noch so vieles zu tun, in meinem Dasein aufzuräumen. Und meine Pläne – all das steht noch aus. Allerdings, nach der neuen Sachlage ist ein Fortkommen nicht zu erwarten. Wenn Sie mich am Leben lassen, und das werden Sie, nach den Gesetzen unseres Landes, gibt es für mich wenigstens Hoffnung auf Freiheit.

Aber auf was für eine denn? Nie wieder wird einer mich mögen. Man wird mich ächten für den Rest meines Lebens. Höhnend erzählt man sich von meiner Zelle, die ja keine Zelle bei Wasser und Brot sei, sondern sich im Laufe der Jahre ausstatten werde mit Büchern, Pflanzen, einem Fernseher, denn auch wir wollen ja nichts versäumen, womöglich mit einem Computer, ganz abgesehen von Papier und Schreibstift, Utensilien für das so genannte Kreative, und Zirkel und Winkelmesser in meinem Fall. „So eine Strafe", sagen sie, „die ist ja niedlich!" – Tatsächlich, es geht mir ja so weit gut. Ich habe nicht einmal Sorgen, mich zu nähren und zu kleiden. Der Aufenthalt ist gebührenfrei, um Gotteslohn vielleicht. Ich bin nicht einmal einsam, obwohl – ich bleibe ja der letzte in der Skala, übel beleumundet, hier draußen wie auch hinter Schloss und Riegel: der böseste unter den Bösen. Ich spüre die Fantasien, die die Menschen sich nicht anmerken lassen wollen. Sie verbergen sie hinter einer Gleichgültigkeit mir gegenüber. Das ist das Schlimmste. Ich sagte es anfangs schon: Ich stehe so nackt da.

Dabei haben sie alle, und ich wende mich nun wieder nach hinten, an euch alle, ihr Menschen, und bitte den Herrn Vorsitzenden erneut um Geduld, habt ihr alle doch auch schon mal getan, was nicht hat sein sollen. Kleinigkeiten. Ihr habt gelogen, ein bisschen oder noch mehr. Stellt euch vor, unsere Fantasien würden die Ausatmung färben, fluoreszierend, violett! Und jede Lüge! Nein, das gehört nicht hierher. Aber es hätte vielleicht doch seine Vorteile, ganz allgemeine. Plötzlich war es ausgesprochen, noch ehe es gedacht war, unversehens. Das sind keine geplanten Unwahrheiten. Dafür sind sie zu schnell. Ein Herausreden oder so. In solchen Sekunden, da glaubet ihr, wusstet ihr, dass es so sei, wie ihr behauptet. Und dann fluoreszierendes Violett! Betreten fandet ihr euch in der Kalamität.

Oder anderes, ihr Männer kennt es alle: Ganz plötzlich tut man, was man eigentlich nicht will. Man küsst die Frau des Kollegen, was auch sie nicht will. Aber in dem Moment will der Mann es eben doch. – Oder ein bisschen Grabschen im Büro, unbedacht, sogar freundlich gemeint. Na ja. – Ihr habt doch auch alle schon mal jemanden umgebracht in der Hitze des Augenblicks. Und ihr stecktet diesen Gedanken wieder weg, als könntet ihr ihn später noch brauchen.

Ich aber tat es. Nicht aus Wut wie ihr – nein. Ich weiß nicht, wie es kam, warum es so geschah. Eines ist mir klar: Ich war überzeugt, dass ich es wollte.

Ja. Ich habe es getan. Ich habe es gewollt, und deshalb bin ich schuldig.

Ich bitte Sie, Hohes Gericht, lassen Sie es mich noch ausführen. Ein so langes Schlusswort ist offenbar ungewöhnlich. Ich bin da unerfahren. Aber ich bin auch am Ende. Ich könnte weinen. Ich will hier kein Theaterstück abliefern, wie es Ihnen vielleicht so vorkommt. Danach ist mir wahrlich nicht zumute.

Die Menschen draußen sprechen von „Therapie", dem großen Schlagwort heute. Von ihm geht ein Zauber aus. Hokuspokus – nur zwei oder drei Jahre: Hoffentlich ist er gesund, der Hund.

Es gibt offenbar Kräfte in uns, die wir nicht steuern können. Das sind Triebe und Reaktionen. Der Sachverständige sagte es vor wenigen Tagen. Das sind Reflexe, denen man unterliegt. Und sie sind – oh, wie raffiniert hat die Natur das geregelt! – sie sind mit Bewusstsein und Überzeugung unterfüttert. Als hätten wir in solchem Augenblick ein anderes Ich!

Therapieren – ach ja. Was wollen Sie denn behandeln, heilen? Dass ein Mensch keine Reflexe mehr hat in einer bestimmten Beziehung? Sein schmähliches Reflexverhalten umsteuern? Sein Schuldbewusstsein sozusagen vorverlegen auf den Moment zuvor, als Schranke, die sich rechtzeitig herunterlässt? Ja glauben Sie denn, ich hätte kein Schuldgefühl, wenn ich so ganz allgemein dahinlebe und mir Dinge erträume, die nicht sein dürfen? Ich hatte es sofort, als ich, gesättigt und ernüchtert, mit einem Schlage wieder nüchtern, Sie kennen das, sah, was ich angerichtet hatte. Ich, ich war es ja nicht gewesen. Soll ich dafür gerade stehen, was soeben aus mir kam? Da, Sie wissen es, aber vielleicht verstehen Sie es jetzt, wenn ich es an dieser Stelle noch einmal einfüge, ich kann gar nicht so schnell sprechen wie meine Gedanken es fordern, da nahm ich die Kleider, T-Shirt und Jeans und Höschen, Sandalen, die Tasche mit dem Badezeug, und legte sie an den Strand, FKK, in der Morgenstunde, das ist ja nichts Besonderes, wenn ein so junges Ding schwimmen geht, und dabei kann man mal ertrinken, wer weiß aus welchem Grunde. Wir haben das besprochen.

Ich habe geschändet und getötet, ich habe ihm sein Sein genommen hier auf der Erde, das ist eine verwerfliche Tat, das ist nicht wieder gut zu machen. Daran trage ich schwer.

Keine Stunde vergeht, ohne dass ich unter dieser Last leide. Ich habe natürlich nicht so gut geschlafen in den letzten vielen Wochen. Dann fühlt man sich elend. Mein Magen spielt bei so etwas auch nicht mit. Ich werde appetitlos. Wenn ich an die Zelle denke oder den Umschluss, wird mir schlecht. Das ist nun meine neue Adresse. Alle Schönheit wird mit fortgenommen. Habe ich sie früher genug ausgekostet? Die Schönheit und das Erlesene? Aber das sollte ich hier außenvor lassen. Das ist Zukunft. Wissen Sie, in dem Wort Kübel steckt schon das Wort übel! Zum Glück hat man heute Wasserklosetts dabei, schlimm genug. Und dann die unflätigen Zoten auf dem Zellenflur! Wenn man so etwas hinter sich hat wie ich, fehlt einem der Spaß daran. Ich war auch nie ein Typ dafür. Kein Tag weiterhin wird vergehen, ohne dass ich leide. Ich bin ja schuldig geworden einem Mitmenschen gegenüber, einem Mädchen-Menschenleben. Ich habe es vor den weltlichen Gerichten zu vertreten, hier in diesem historischen kleinen Saal, in welchem schon so viele abgeurteilt wurden. Aber auch vor dem Höheren, jenseits der Jagdreviere im Kosmos und ihrer Zahlen, das mir Existenz verlieh und Verantwortlichkeit.

Halten Sie mich nicht für sentimental. Ich bin es nicht! Und bitte denken Sie nicht, ich wollte mich Ihnen aufdrängen, menschlich. Diese Schuld ist nicht zu tilgen. Was meine Existenz betrifft, so ist es unwichtig, ob ich noch da bin oder nicht, also: ob ich lebe oder nicht.

Wir haben aber nur ein einziges Leben. Jeder seines. Ich. Und auch – ja, das Mädchen, die Kleine mit den jungen Brüsten ... Sie wissen ja schon alles, jedoch es geht mir wie neu durch den Kopf, nicht wegen der zarten Mädchenbrüste, oder doch, da war ja noch kein Wellengang drin; aber nach dem Spruch: „Ich bin schuldig" können wir, Sie mit mir, die ganze Sache nochmal betrachten.

Ich sagte anfangs schon: wie nach einer Erleichterung. Ich habe es getan. Ich wusste ja, dass sie morgens am Strand ist, beim Anlegesteg, noch vor der Schule. Aber jetzt waren Sommerferien. Es gibt gelegentlich Frühaufsteher, auch

Sie schrie, und die Möwen schwirrten in die Höhe...

unter den jungen Leuten. Selten genug. Die Kleine hatte ich öfter morgens angetroffen, wenn ich vom Fischen hereinkam. Der Aal läuft nachts. Deshalb bin ich meistens sehr früh los, bei Sonnenaufgang. In unserer Förde nimmt der Fischbestand wieder zu. Da fährt man gern raus. Die Möwen warteten schon, hellwach, und versprachen sich was von dem Ausflug. Ich mag sie, diese Burschen.

Wir kannten uns ja, sie und ich. Nein, ich meine: die Kleine und ich. Weil ich auch wartete, beugte ich mich über die Bordwand und bürstete an der Wasserlinie Tang und Pocken runter, bis endlich ihr Weg sie hier vorbeiführte. Dann war es leicht, sie in mein Boot einzuladen, zu einer Spritztour, nur bis hin zu den Aalreusen, oder etwas weiter. Sie sprang vom Steg zu mir herunter in den Kahn. Es ist etwas eng an Bord, wie in einem größeren Ruderboot. Erst gab der Motor sich spröde, aber dann legten wir ab.

Sie war anstellig, ich überließ ihr nachher die Ruderpinne. Wir haben uns unterhalten. Es war schön, und die Gänse zogen im Reigen über uns hinweg. Morgens riecht das Meerwasser so frisch. „Alles ist dann frisch", sagte sie dazu, „und wenn man zum Frühstück nach Hause kommt, hat man den ganzen Tag noch vor sich."

Es ging ein sonniger Wind, und es war einer von den Tagen, wie man sie sich hier wünscht. Ich stellte den Motor ab. Das Wasser hielt an, und unser Boot lagerte sich darin. Die Möwen badeten um uns herum, denn tauchen können sie nicht. Es war so schön, auch das leise Dümpeln, nicht mehr als ein wiegendes Kosen. Ich fasste ein bisschen nach der kleinen Mädchenhand, aber sie nahm sie gleich weg. Einen Augenblick dachte ich an Heirat, später. Sie war für mich – wie eine Braut. Das sind ja erhebende Gefühle, die sich da einmischen, Gedanken, die unser Tun reinigen.

Ich kann mich damit jetzt nicht aufhalten. Aber ich hatte auch damals alles miteinander im Kopf. Auf dem Wasser ist man dem Himmlischen so nah, Sie kennen das. Jeder hier bei uns weiß das. Sie hatte hübsche gebräunte Zehen. Ich löste die eine Sandale ab. Der kleine Fuß war kühl und roch nach dem Fischnetz. Ich nahm ihn und liebkoste die

Wölbung, die Ferse. Sie überließ mir auch die Hand, wie gebannt. Von was denn gebannt? Von der Stimmung oder von Angst? Ich tröstete sie, spielte mit ihren wassergelben Haaren. Aber es ging anders, als ich dachte.

Wissen Sie, manchmal liegt irgendwo zu Hause eine kleine Bettfeder herum, und man hebt sie auf und wirft sie irgendwohin, in den Papierkorb oder aus dem Fenster. Aber die kleine Daune fliegt in eine andere Richtung, als habe sie sich umbesonnen oder als sei sie umdirigiert worden. Ihr Abweichen von meiner Zielrichtung wirkt so störrisch. Als habe sie einen eigenen Willen! Und so war nun sie gewesen, die kleine Mädchenfrau in meinem Boot, auf den Netzen. Nein, feucht waren die nicht, dafür hatte ich gesorgt. Ich hatte sie morgens getrocknet an Bord genommen. Netze aus synthetischem Garn saugen sich nicht mehr voll.

Die kleine Daunenfrau war störrisch. Sie nahm die Richtung nicht auf! Ich tat ihr ja weh, und sie schrie. Übrigens waren da tatsächlich schon kleine Daunen, Kringelchen. Sie schrie, was konnte mich das kümmern in diesem Moment. Sie schrie, und die Möwen schwirrten in die Höhe, wie aufgewiegelt, und lärmten und schwebten über uns. Alle Ferngläser aus den Häusern fühlte ich auf meinem Rücken. Sie schrie über das Wasser, das trägt da draußen ja so weit. Ich war außer mir. Naja. Sie wissen schon alles. Ich sah hoch, über die Förde hin, und die Welt war kaputt. Die Küste fremd und leblos. Die leeren Autos auf der Landstraße hinter den beiden Inseln fuhren nur so hin und her. Ich tuckerte noch eine Stunde konfus herum, wie betäubt. Und die Marineschule reckte backsteinern ihren Hals herüber, wie aus anderen Zeiten noch stehen geblieben, passé, sogar albern.

Nun hüsteln Sie und setzen sich im Stuhl zurecht. Ich habe Sie schon zu lange aufgehalten. Sie machen sich Notizen oder zeichnen Girlanden auf die Papierecken. Die Sirene von der Werft meldete schon zwölf Uhr. Wir alle brauchen jetzt eine Pause. Haben Sie nur ein bisschen Geduld noch. Ich fahre jetzt wieder mit der Hand an meiner

Tischkante hier entlang, schon fast gewohnheitsmäßig. Auch als Schuljunge tat ich manchmal so. Ich vergewissere mich an dem warmen Holz, dass dies hier alles wahr ist, als ob ich in einer Wirklichkeit lebe.

Was wollte ich noch sagen? Ja. Die scheußliche Tat, strafbare Handlung. Das Delikt. Und das Leid der Betroffenen. Man empfiehlt eine Therapie. Manchmal greifen die Menschen nach solchem ungefüllten Wort wie nach einer erlösenden Gotteskraft. Können Sie mich denn umformen? Mich? Ich selbst bin es doch gar nicht gewesen, der so verfuhr. Sondern aus mir geschah etwas. Ich wurde schuldig, ohne es gewollt, geplant, ausgeführt zu haben. Nicht ich war es, der so tat. Sondern etwas, das mir jetzt unvorstellbar ist, lenkte mich. Und es könnte mich wieder befallen und lenken. Also wie werden Sie das kurieren? Wollen Sie denn das Unergründliche im Menschen aus ihm entfernen?

Wir sollten hier nicht die biblischen Fragen herauskramen vom Herrn der Welt und seinen Widersachern oder von dem Teufel, wie er hinterrücks Gottes oder der Menschen Absichten durchkreuzt und sich trotz aller Maßnahmen behauptet, hier auf Erden, seinem einzigen Wirkungsfeld. Es geht hier jetzt nicht um das Diabolische, sondern um mich. Sie haben mich zu verurteilen und werden es weiterhin tun, nicht nur in den Jahren meiner Aussonderung und Einschließung. Das ist mein Los. Aber ich für mich stehe mit meiner armseligen Existenz auch vor meinem Schöpfer. Darüber redet man sonst nicht. Wer kehrt so etwas schon gern heraus?

Ich spreche mit ihm. In unserem Dialog fehlen seine Antworten. „Warum", so rufe ich ihn an, und Sie sollen es hören, denn nur hier ist der Ort, wo ich appellieren kann, „warum wähltest du mich aus für dies? Warum habe ich vor den Menschen und vor dir für etwas zu haften, das ich nicht wollte, was sich aber in mir Bahn brach? Ich – ich habe es ja nicht getan, es war ein anderes. Ich stehe vor dir, in deinem Glanz, ich bin schuldig, allein, und ohne Anwalt im Himmel."

Die Witwe meines Freundes bitte ich um Vergebung, die Mutter. Und auch das kleine Mädchen selbst. Man kann mich nicht davon abhalten, es wenigstens auszusprechen. Selbst wenn es nichts bringt. Was sollen die Menschen, die bestallten Richter in der Robe, die achtbaren Schöffen mit mir vornehmen? Das Verbrechen muss gesühnt werden. So rufen auch die da draußen. Alle.

Mit Recht. Anders wäre die Welt unerträglich.

Ich komme für die Tat auf, okay.

Ich danke Ihnen, dass Sie mir so lange zuhörten. Ich wusste anfangs ja nicht, wie viel zu sagen wäre.

Nun also ist über mich zu beraten.

Sie haben sich zu entscheiden.

Ich bitte Sie alle – um nichts.

Ich werde das Urteil annehmen.

Doris Müller

Schwarz, schwarz, schwarz…

Ich habe es gewusst! Immer habe ich es gewusst! Eines Tages musste es passieren; irgendwann, früher oder später. Und nun – was habe ich gesagt? – ist es passiert!

Der Tag war wie geschaffen für eine solche Katastrophe; der Mensch hierzulande ist auf Hitze nicht eingestellt. Sturm, Regen, Nieselwetter, Dauerfrost, damit kann er leben, mürrisch zwar, aber er ist es halt nicht anders gewohnt.

Hitze irritiert den Nordmenschen, er stöhnt, lässt sich im Schatten nieder und steigert seinen Mineralwasserverbrauch dermaßen, dass die Supermärkte kaum mit Bestellungen, die Lieferanten und Produzenten kaum mit Ersatz folgen können. Schon der herkömmliche Tagesablauf ist kaum zu organisieren, nichts Außergewöhnliches darf den normalen Rhythmus stören: Das über Gebühr erhitzte Hirn verweigert jeden zusätzlichen Dienst.

An einem solchen Tag sollten nur Freiluftkonzerte stattfinden, in Parks mit Schatten spendendem Großgrün, das Publikum leicht bekleidet, neben sich die Kühlbox mit kleinen Erfrischungen; die konzertierenden Damen bemühen das Kleid mit dem größten Dekolleté, die Herren tragen leichte Leinenanzüge und lassen Fliege und Krawatte im Schrank.

Aber so einfach ist das Leben nicht. Auch bei Affenhitze müssen Dinge getan werden, die man lieber nicht täte. Die Bedienung des Eis-Cafés zum Beispiel, die all die stöhnenden, schwitzenden Menschen mit Getränken versorgt, sie säße auch lieber unter dem rot-weißen Sonnenschirm mit einem Spezi mit viel Eis oder einem riesigen Alsterwasser. Sie muss rennen, Hitze hin, Hitze her, da kennen die Gäste kein Erbarmen. Wo käme man hin, schließlich zahlt man dafür, gibt womöglich noch ein Trinkgeld. Und schließlich muss ich gleich auch schwitzen, in meinem schwarzen Anzug.

Nein, nicht, was Sie denken; Pietät ist nicht vonnöten, ich habe keinen lieben Menschen zu begraben. Ich habe Konzert, das heißt, besser gesagt: wir haben Konzert. Der große Chor an der Kirche am Nordermarkt singt im Rahmen der Bach-Tage. In einer guten Stunde geht es los.

Nachmittags Stellprobe, kurzes Ansingen mit dem aus der Ferne angereisten Orchester, und jetzt noch Zeit für eine kleine leichte Mahlzeit, mitgebracht von zu Hause oder in einer der Gastwirtschaften am Nordermarkt bestellt, nichts Schweres vor dem Singen, ein Salat, ein Baguette, eventuell ein Süppchen – aber bei dieser mörderischen Hitze. Und dann im schwarzen Anzug. Man kann sich ja auch kurz vorher zwischen den Autos oder, falls man zu genant ist, im Auto umziehen, Anzug, Hemd, schwarze Fliege, schwarze Socken, schwarze Schuhe.

Jawohl, schwarz muss es sein, auch für die Damen, schwarz, schwarz, schwarz.

Der Anlass ist ernst; ein geistliches Konzert duldet keine poppigen Farben, keine Blusen, die den Unterarm keck freigeben. Schwarz muss es sein, bedeckt muss es sein, würdig, ernst, optisch geschlossen. Gut, gut, in der Kirche ist es kühl, aber jetzt, es sind immer noch 28 Grad, und noch eine Stunde Zeit.

Ich habe das schwarze Jackett noch im Wagen, die Socken, die Schuhe auch. Ich esse meinen Salat, trinke mein Mineralwasser, und dann begebe ich mich zu meinem Auto. Ich habe es am Alten Friedhof geparkt, und zwar so, dass ich mich dahinter verstecken kann; niemand soll mich fälschlicherweise für einen Exhibitionisten halten. Wie schlau von mir, alles zu Hause sorgfältig in einer geräumigen Papiertüte verstaut zu haben, das Jackett flach in den Kofferraum gelegt, damit es nicht knautscht und nicht ausbleicht.

Ich bezahle und gebe ein Trinkgeld, großzügig; der Bedienung gehört mein Mitgefühl. Jetzt habe ich noch fünfundvierzig Minuten, umziehen, in der Schule noch mal aufs Klo. Langsam wird es dann auch Zeit, sich zum Einsingen zu begeben.

Das Jackett liegt sorgfältig gefaltet auf der Papiertüte; es hat keinen Schaden genommen. Ich hänge es über die Abdeckplatte, um an die übrigen Kleidungsstücke zu gelangen: Fliege, Schuhe, Socken – Socken: wieso ist hier nur eine? Ich habe beide in die Tüte gelegt, auf die Schuhe! Ganz ruhig bleiben, mit der Hand in die Schuhe fahren, vielleicht... Nein, nichts. Papiertüte? Nein, auch nichts. Vielleicht heruntergefallen? Einmal ums Auto herum, gebückt, unters Auto geschaut – nein, auch nichts! Der Schweiß rinnt in Strömen. Das ehemals frisch gebügelte Hemd klebt ekelhaft am Oberkörper.

Jetzt nur nicht nervös werden! Vielleicht in den Jackentaschen – auch diese Suche bleibt erfolglos. Noch eine halbe Stunde Zeit. Was nun? Nach Hause schaffe ich es nicht mehr, die Geschäfte haben bereits geschlossen. Wen kenne ich hier in der Gegend? Eigentlich niemanden. Ich könnte jemanden anrufen. Wen, wen? Alle, die mir in den Sinn kommen, haben auch Konzert, brauchen ihre schwarzen Socken selbst. Ich muss jemanden überreden, mir seine Socken zu überlassen. Ich muss mich dabei in Richtung Kirche bewegen, denn in 15 Minuten ist Einsingen!

Unauffällig sehe ich auf meinem Weg durch die Große Straße den Entgegenkommenden auf die Füße. Aber wer trägt bei so einem Wetter schon Socken, und dann noch schwarze? Mit Dunkelblau oder Braun würde ich mich auch noch einschmuggeln, wenn ich jemanden fände.

Die Zeit läuft mir davon. Ich werde immer schneller. Als ich den Nordermarkt erreiche, ist auch mein Jackett klatschnass. Mir wird schwarz vor Augen, schwarz, schwarz, schwarz...

„Junger Mann, ist Ihnen nicht gut? Hallo, kann ich Ihnen helfen?" „Haben Sie schwarze Socken?" „Das ist nun aber nicht nett, junger Mann, dass Sie mich verkohlen!" „Bitte, ich meine es ernst, ich brauche dringend schwarze Socken!" Der alte Herr hatte sich schon kopfschüttelnd abgewendet, murmelnd von wegen „Jugend und kein Benimm mehr", und ich habe noch immer keine schwarzen Socken.

Verzweifelt schleiche ich mich in die Nähe der Tische;

Zwanzig Mark für eine schwarze Socke!

die Stimmung nahm mit abnehmender Temperatur und wachsendem Alkoholpegel der Gäste zu, und als ich mich bücke, um unter dem ersten Tisch einen Blick auf die Füße zu werfen, dröhnt mir ein unfreundliches „Hau ab, du Spanner!" entgegen. „Entschuldigung, ich suche meinen Hund!" Mit kleinen Verbeugungen bewege ich mich rückwärts, da poltert es, dann klirrt es, und ich habe einer Kellnerin der Brauerei-Gaststätte das Tablett nebst fünf großen Bieren von der Hand geschubst. „He, können Sie nicht aufpassen, wo Sie hintreten? Das zahlen Sie mir, Mann, fünf Gläser, fünf Halbe, macht 41 EM!" Meine schweißnassen Finger haben Mühe, das Portemonnaie aus der Gesäßtasche zu ziehen. Ich gebe ihr 50, sage: „Stimmt so, nichts für ungut, aber ich brauche unbedingt schwarze Socken. Bitte, ich bezahle sie auch!"

Die Menschen um uns herum recken die Hälse, lachen, schütteln den Kopf, ticken sich an die Stirn.

Da schlägt die Turmuhr; zum Einsingen bin ich sowieso schon zu spät. Nicht so schlimm, Hauptsache, ich habe bis zum Konzert schwarze Socken. Ich nehme zwanzig Mark aus meinem immer noch offenen Portemonnaie; vor dem Eis-Café sitzt eine seriös wirkende Touristengruppe. Dem erstbesten Herrn halte ich den Schein unter die Nase: „Bitte, ich brauche Ihre schwarzen Socken!" „Schwarze Füße hab ich in meinen Sandalen stecken, aber die brauch ich noch selber!" Der Mann erntet großes Gelächter für diesen schlechten Witz. Wie kann er solche Scherze machen angesichts meiner verzweifelten Lage!

Am nächsten Tisch wenden die Menschen sich ab, sind peinlich berührt, wollen nichts mit mir zu tun haben. Verzweifelt schiebe ich mich zwischen den Tischen hindurch, den Blick nach unten gerichtet, auf die samt und sonders sommerlich gekleideten Füße. Weiße Socken, hautfarbene Socken, gar keine Socken; es scheint aussichtslos. Hektisch wedele ich mit meinem 20-Mark-Schein – bitte, höre ich mich schreien, bitte, ich brauche schwarze Socken, mit einer wäre ich schon zufrieden, haben Sie doch ein Einsehen, 20 Mark für eine schwarze Socke!

Stühle fallen um, Gläser stürzen zu Boden, Frauen kreischen, Männer pöbeln – plötzlich sehe ich einen schwarzen Anzug. Wo ein schwarzer Anzug ist, sind auch schwarze Socken! Oh Rettung, es ist kein Chorgesicht! Dieser Mensch wird seine Socken entbehren können. Er trägt ein Beffchen. Ein Pastor, ein Christenmensch, dem Himmel sei Dank!

„Herr Pastor, ich brauche Ihre Socken!" „Jaja, es ist gut. Nehmen Sie Platz, wir werden über alles reden!" „Aber ich habe keine Zeit! Hier sind 20 Mark für Ihren Klingelbeutel! Bitte, Herr Pastor, Ihre Socken!" „Jaja, die Hitze, sie macht uns allen zu schaffen. Kommen Sie, nehmen Sie einen Schluck, setzen Sie sich hier in den Schatten!"

Jetzt reicht's! Ich packe den Pastor am Revers, ziehe ihn zu mir heran und brülle in sein rotes verschwitztes Gesicht: „Ich will kein Wasser! Ich will keinen Schatten! Ich will Ihre Socken, begreifen Sie das nicht, Ihre Socken!" Ich schüttele den Pastor, so gut es meine Kraft erlaubt.

Plötzlich werden meine Arme von hinten gepackt und auf den Rücken gedreht. Mit einem Verzweiflungsschrei versuche ich, hinter mich zu sehen. Kühles Eisen schließt sich mit einem „klick" um meine Hände.

„Nun wollen wir uns erst einmal beruhigen!" „Ich will mich nicht beruhigen, ich will singen!" „Ist gut, Pavarotti, gleich kannst du dem Onkel Doktor was vorsingen!" Zwei Polizisten schieben mich zu ihrem Auto. Die Kirchturmuhr schlägt sieben. Gleich, gleich geht es los: „Singet dem Herrn ein neues Lied!" Jawohl, ein neues Lied! Mit meiner letzten zur Verfügung stehenden Energie singe ich, so laut ich kann, zum offenen Wagenfenster hinaus: „Schwarz, schwarz, schwarz sind alle meine Kleider..."

Die Menschen auf dem Nordermarkt winken mir freundlich zu.

Werner Matzen

ALEXANDRA im Sturm –
und Leiche an Bord!

*Wie schön, dass ich dies alles noch
erleben durfte!*

Im Januar des Jahres 2000

Nun ist die bedeutsame Zeitwende schon vollzogen, und
ich bin immer noch quicklebendig. Das Schicksal hat mir
einen Sehnsuchtswunsch erfüllt, nämlich beim Übergang
in das dritte Jahrtausend n. Chr. mit dabei sein zu können,
und das auch noch ganz hautnah: als ehemaliger Journalist,
nun schon seit Jahren im Ruhestand, durfte ich, der früher
ausschließlich in meiner Heimatstadt tätig war, dank der
Großherzigkeit der früheren Arbeitgeber, nach eigenem
Gutdünken frei über zentrale Ereignisse zu diesem Thema
auch in der hiesigen Presse berichten.

Das Angebot war so überwältigend, dass ich alter Mann
geradezu von ihm erdrückt wurde. So bleibt mir nur, für
mich Wichtiges auszuwählen und in knapper Zusammen-
fassung darzustellen. Gern füge ich dabei mehr oder weniger schrullige Urteile von Flensburger Bürgern bei, die zu-
gegebenermaßen mir nicht immer unsympathisch sind.

Heute sitze ich also wieder einmal – als Single – im Sessel meiner kleinen Dachschrägenwohnung einer alten Vil-
la am Hafendamm, blicke auf den Gastsegelhafen, die neue
Hafenpromenade und weit hinüber zur Marienkirche und
zum Turm des Alten Gymnasiums – – – und fange schließlich an zu schreiben; dabei besteige ich in Gedanken „meinen" alten Dampfer.

*

Ein besonderer und auch
dramatischer Neujahrsmorgen

1. 1. 2000

Sonderfahrt des fast 92 Jahre alten Salondampfers ALE-
XANDRA! Von Knallkörpern und Silvesterraketen wurde
er frühzeitig aus demWinterschlaf geweckt. Mit den Damen und Herren des Stadtparlaments an Bord verlässt er –
bei klarem Frostwetter und strahlendem Sonnenschein –
seinen Anlegeplatz gegenüber dem Schifffahrtsmuseum.
Feierlich verabschiedet wird die ALEX von den an Hafenspitze und Promenade versammelten Vereinigten Flensburger Chören, vom Balkon des Hafenspitzenrestaurants
BELLEVUE aus dirigiert von Professor Glanz, dem Leiter
des Flensburger Mariechenchores. Begleitet und untermalt
wird der wuchtige Gesang von zehn vorzüglich aufeinander eingespielten Kapellen der Freiwilligen Feuerwehren
des Kreises Schleswig-Flensburg. Es handelt sich um
die Uraufführung der Marschkantate FLENSBURG
VORAN UND AHOI, komponiert von Schulrat Johann
Sebastian Redlich nach einer Idee von Tante Maass.

Stolz blickt Oberbürgermeister Helmreich Sparmann –
neben der Fahne am Heck stehend – auf seine herrliche
Stadt. („Was haben wir bloß für den Beginn dieses neuen
Zeitalters schon alles geleistet: da sind der imposante Bau
des Arbeitsamtes, der Förde-Park, der ZOB, das Rathaus,
die Hafenpromenade, alles neu oder wieder neu. Und all
das bei den ständig zurückgehenden Einnahmen der Stadt.
– Und wozu brauchen wir eigentlich noch die Osttangen-
te, wo wir doch Schiffe haben!")

Stolz auch durchschneidet die ALEXANDRA mit
ihrem Bug die Hafenwogen; denn zum ersten Mal wird
dieser geziert von der Gallionsfigur der GOLDENEN
HAFENJUNGFRAU, einem Geschenk der weltbekann-
ten Flensburger Geschäftsfrau Renate Buse. (Manche meinen, das sei eine Folge von schlechtem Gewissen, wegen
der Gründung des Museums in Berlin. Ein dänisches Rats-

Dampfer Alexandra:

Nun ist die bedeutsame Zeitwende schon vollzogen ...

mitglied: „Die Kombination von Erotikmuseum und Schifffahrtsmuseum in der Flensburger Hafenmeile ist am Ende des vorigen Jahrhunderts die große verpasste Chance zur Erneuerung von Ruf und Image unserer Stadt gewesen.")

Verläuft nun die Ausfahrt der ALEXANDRA so feierlich und hoffnungsvoll wie geplant? Bedingt vor allem durch die enthusiastisch und teilweise orgiastisch verlaufenden Silvesterfeierlichkeiten an diesem herausragenden Jahres- und Zeitenwechsel gibt es auch Pleiten, Pech und Pannen verschiedener Art; dazu gehören das Versagen von Kommunikationssystemen (z. B. durch Stromausfall bei den Stadtwerken) und z. T. unzulängliche Besetzung von Rettungsleitstellen und Polizeirevieren.

So war auch der Wetterbericht für den ersten Tag des Jahres wohl eher ein Neujahrsscherz gewesen. Der Dampfer sieht sich jedenfalls unerwartet schon zwischen Marineschule und dem Ostseebad in dichten Nebel gehüllt. Regenschauer prasseln herab, und heftige Sturmböen durchrütteln den gesamten Schiffskörper. Dessen Schlingern und Ächzen bewirkt bei den Passagieren schnell Anzeichen von Panik. Der Sturz des Dampferveteranen in ein Wellental hat einerseits das totale Eintauchen der neuen Hafenjungfrau (ihre sowieso ja anstehende Taufe) zur Folge, andererseits das katerhaft schnurrende Heraustreten der Heckschraube an die frische Fördeluft.

S-O-S-Rufe bleiben ungehört. Von der nahe liegenden Marinestation ist keine Hilfe zu erwarten. Die Marineschule hat keine Schiffe mehr; sie ist jetzt ein Altersheim für pensionierte Admiräle und deren Familien.

Später stellt sich heraus, dass der Seenotrettungskreuzer KLAUS STÖRTEBEKER aus Langballigau das Umfahren der Holnisspitze nicht geschafft hatte und stattdessen vor der Gaststätte DREI auf Sand gelaufen war. (Spaziergänger wollen die Mannschaft dort im Café beim Trinken von Pharisäern beobachtet haben: „Se hebbt wull bie't Utstiegen natte Fööt kregen.")

In der ALEX entwickelt sich unter Deck währenddessen dieser Neujahrsmorgen zu einem doppelten Fiasko: Der halb nackte, nass geschwitzte Heizer Fiete Füermann (45), der das Schiff unter Volldampf zu halten hat, erblickt beim Nachschaufeln von Bunkerkohle plötzlich einen blutverschmierten Leichenteil auf der Schippe, kann diese aber nicht mehr zurückhalten. Die zufällig gerade hineinsehende Kellnerin Lilo Wandritzki erfasst genau diesen Vorgang. Mit dem Aufschrei „Mord!" rennt sie durch das ganze Schiff zum Kapitän und Schiffseigner Asmus (Asse) Overall. (Seine Reaktion: „Verdammi, dat ok noch, awer ierstmal stick ick mi de Piep an!")

Asses Piepenqualm und seine Gelassenheit führen allmählich zu einer gewissen Beruhigung der tumultartigen Szenen im Schiffsinnern und allein dadurch auch schon zu einem ausgeglicheneren Schwimmverhalten der ALEX.

Mit Hilfe von Flaggensignalen (Blau-Weiß-Rot) gelingt es ihm überdies, mit der kleinen, auf der Höhe der Spedition Rotermund kreuzenden Hafenfähre PETUH Kontakt aufzunehmen. Diese eilt, schnell und behände auf den Wellen tanzend, herbei und nimmt schließlich – nach ein paar vergeblichen Versuchen – die ALEX auf den Haken.

Am Ende schafft man es tatsächlich, teils mit eigener Kraft, im Wesentlichen aber mit Petuh-Schlepperhilfe, den großen alten Steamer am Anleger von Ostseebad festzumachen. Wankend, aber sichtlich erleichtert und sogar verhalten jubelnd verlässt die schwimmende Ratsversammlung das noch zitternde Schiff und macht sich gemeinsam zu Fuß auf den wassernassen, windigen und wechselvollen Weg Richtung Innenstadt.

Einer von ihnen: „Heute saßen wir alle in einem ‚Boot' und marschieren nun auch noch auf ein Ziel zu. Sollte unser alter Sottpüster gar noch am neuen Jahrtausendbeginn unser politisches Grundverhalten beeinflussen wollen?"

Fast unbemerkt hiervon ist ein Fahrzeug der Feuerwehr der Nachbarstadt Harrislee vorgefahren. Es bringt den Oberbürgermeister sowie einen urnenartigen, kunststoffartige Dämpfe ausstrahlenden Behälter an ihre jeweiligen Bestimmungsorte.

67

Spurensuche

Moin Moin: 3. Januar 2000

Die abenteuerliche Neujahrsfahrt der ALEX ist natürlich Stadtgespräch und somit in aller Munde. Deshalb wollen wir an dieser Stelle auch gar nicht im Einzelnen darüber berichten. Allerdings, nur zum Schmunzeln ist die Sache nicht. Das Ganze war ja keineswegs ungefährlich.

Und dann ist ja da noch dieser Kriminalfall. Im Polizeirevier I ist zu erfahren, dass Heizer und Kellnerin natürlich sofort vorgeladen und verhört wurden; es gab aber nur die Bestätigung des kurzen äußeren Ablaufs, sonst keine weiterführenden Hinweise. Es fiel lediglich auf, dass der vielen ja bekannte Füermann beim Gespräch im Revier genauso schwitzte wie bei seiner harten Arbeit im Schiff.

Das in einem Blechbehälter eingesammelte verbrannte verdächtige Material aus der ALEX wurde von der Polizei an das Kriminaltechnologische Institut in Kiel weitergeleitet. Eine erste Untersuchung ergab das Vorhandensein von Kohlenasche in Verbindung mit größeren Bestandteilen von Kunststoff und Farbe, was im Augenblick unerklärbar war. Verbrannte Rückstände von Teilen eines menschlichen Körpers waren dagegen nicht feststellbar.

Flensburger Tageblatt: 10. Januar 2000

Verweisen früherer Geschäftseinbruch und vermeintliche Bluttat auf der ALEX auf ein- und denselben Täter?

Die Polizei informiert jetzt über einen Ende vergangenen Jahres aufgenommenen Kriminalfall und bittet die Bevölkerung um Mithilfe bei der Aufklärung:

Am 2. Weihnachtstag gab es wie üblich den Flensburger GROGTURN im Bereich des Museumshafens. Am helllichten Tage und unbemerkt von zahlreichen Schaulustigen wurde die Schaufensterscheibe des nahe liegenden Geschäftes für Schiffsausstattung „Sail Sunder" total zertrümmert.

Eindeutiges Ziel des Einbruchs war das den gesamten Auslageraum ausfüllende große neue Modell der ALEXANDRA; dieses wurde blitzartig entwendet, dann ausgerechnet vor das Portal des Schifffahrtsmuseums getragen, mit Benzin übergossen und entzündet; es verbrannte lichterloh in wenigen Sekunden. Verdutzt umherstehende, z. T. auch sehr erschrockene Bürgerinnen und Bürger ließen den offensichtlich unscheinbaren Täter im Festtrubel untertauchen und unerkannt entkommen.

Die Polizei sucht dennoch weiterhin dringend nach Augenzeugen. Dies sei eine Tat, die nicht nur alle Flensburger angehe, sondern sie auch tief in ihrem Herzen verletze oder gar beleidige. (Häufiger von Passanten gehörter Kommentar: „Das kann kein Flensburger sein; ein Flensburger tut so etwas nicht!")

Die Polizei geht von einem direkten Zusammenhang zwischen dem Einbruch und dem Vorfall auf dem Schiff aus: es gibt nur einen Täter!

Moin Moin: 15. Januar 2000

Endlich Fahndungserfolg durch Hinweis eines Bürgers!

In der Sache „Einbruch bei ‚Sail Sunder'" gab es nun doch dank eines aufmerksamen Flensburgers eine heiße Spur, die uns unerwartet schnell zur Auffindung des mutmaßlichen Täters führte. Dem Revier I wurde ein anonymer Brief zugeschickt, eine beschriebene alte Ansichtskarte aus dem Jahre 1979 enthaltend.

Das Foto zeigte nicht nur die ALEX, sondern auf der Brücke auch den damaligen Kapitän Ole Muck (56). Sein persönlicher Namenszug fand sich auf der Rückseite. Der Einsender riet der Polizei, diese Person einmal zu besuchen oder auf das Revier zu bitten; das Letztere geschah unverzüglich. (Reaktion eines Redakteurs: „So een hett dat doch nie geven; dat is jo allns Lögenkram un Bedruch!"). Dennoch gab Ole beim ersten Verhör alles zu. Tränen kamen ihm beim Anblick der Ansichtskarte. Nicht viel später sei er wegen angeblicher Unzuverlässigkeit und vor allem wegen möglicher Vernachlässigung seiner Schiffsführung aufgrund von Alkoholgenuss vorzeitig von der Reederei entlassen worden.

Eindruck von Ungerechtigkeit, Gefühle wie Selbstmitleid und Neid hätten Jahr um Jahr in ihm eine Art Hassliebe gegenüber der ALEX hervorgerufen, die ihn am Ende einfach zu der Tat getrieben hätten. „Mit der anderen Sache an Bord habe ich auf keinen Fall etwas zu tun!"

Wir werden demnächst über die bevorstehende Gerichtsverhandlung berichten.

19. Januar 2000: 1. Polizeirevier

Dort gibt es an diesem Tag einen gänzlich unerwarteten Besuch. Der gerade Dienst habende, Krimi-Inspektor Klughard Wachsam, sieht – vom alten Eichenschreibtisch aufblickend – einen muskulösen Mann mittleren Alters vor sich. Sein Name: Fiete Füermann, Heizer auf der ALEX!

Wachsam: „Was führt Sie denn so früh am Morgen her?"

Füermann: „Der letzte Pressebericht über Käptn Muck hat mich doch sehr beunruhigt, mein Gewissen belastet und mich gedrängt, ins Revier zu kommen."

Wachsam: „Zu welchem Zweck?"

Füermann: „Ich will ein Geständnis machen und am besten nun gleich damit anfangen."

Dann gibt er den folgenden, für die Polizei wichtigen und der ALEX-Affaire die Wendung gebenden unglaublichen, aber doch den Tatsachen entsprechenden Vorgang zu Protokoll: Es habe sich gar nicht um eine wirkliche Leiche gehandelt. Es war eine im Umbautrubel bei Karstadt von ihm erstandene alte beinlose, mit roten Farbflecken bekleckerte Schaufensterpuppe, der er später dann selbst noch eine Oma-Perücke aufgesetzt habe. (Fiete: „Ohaueha, das war damals ja so'n richtiges Tummelum: zwischen Marzipanbroten und Männersocken auch noch diese Presslufthämmer!")

Als altem Rummelpottläufer am Altjahrsabend sei ihm der doch etwas makabre Scherz eingefallen, der wohl allerdings auch einen wirklich ernsthaften Hintergrund gehabt habe. So sei dies nämlich die symbolische Erfüllung des Vermächtnisses seiner Großmutter Henriette Alexandra Marquardsen gewesen. Das lege er hiermit der Polizei in Form eines an ihn gerichteten Abschiedsbriefes vor, den folgenden entscheidenden Satz enthaltend: „Mein chanses Leben bin ich nu mit mein' liebbe ALEX chefarn, nu will ich auch auf ihr zzu Tode komm' und ewichlich auf sie weiterschippern."

In der Tat ging es hier um die stadtbekannte, derzeit älteste Petuh-Tante Flensburgs. Geboren im Jahre des Stapellaufs der ALEX (1908) war sie – bei nur wenigen Unterbrechungen – fast ihr Leben lang auf IHREM Schiff gefahren, und das sogar im Krieg als Rote-Kreuz-Schwester. Sie war Anfang Dezember 1999 gestorben und „ganz normal" auf dem Stadtfriedhof „Hügelfrieden" beigesetzt worden, mit der Einschränkung, dass ihre Urnenbestattung noch das Werk des alten, mit gewissen Mängeln behafteten Krematoriums war.

Anmerkung eines Begräbnisteilnehmers: „Das soll am Ende gequalmt haben wie die ALEX; inzwischen gibt es hier ja auch schon ein Modell 2000."

Ende der Aussage von Füermann: „Ich weiß doch, dass Oma bei ihrem Abschiedsschreiben schon ziemlich alzheimertüddelig war."

Abschluss einer Affaire

Flensburger Tageblatt: 29. Januar 2000

Der nun vom Hauptverdacht eines Schwerverbrechens völlig entlastete Altkapitän Ole Muck fand milde Richter. Nach zwei unüblich schnell angesetzten Verhandlungstagen stand dann auch schon das Urteil fest.

Das Gericht stellte uns dazu den folgenden Textwortlaut

zur Verfügung: Muck wurde 1926 in der Landschaft Angeln geboren. Er hatte in dem Dorf Lutzby eine sehr harte Jugend. Als Junge musste er auf dem väterlichen Bauernhof durch Stallausmisten seinen Beitrag zur Aufzucht des heute so berühmten Angler Sattelschweines leisten. Das soll später zu seiner Flucht von zu Hause geführt haben, um Schiffsjunge zu werden.

Von 1975 bis 1980 war er Kapitän der ALEX. Er wurde dann aus den Gründen, die er ja auch selbst angab, von seiner Reederei entlassen.

Der Einbruch, bei dem der Täter unter Alkoholeinfluss stand, bestätigt die Richtigkeit des damaligen Entschlusses von Mucks Arbeitgebern.

– Zugunsten des Angeklagten sprechen seine Einsicht und Ehrlichkeit sowie seine bisherige Unbescholtenheit. Die zweimonatige Gefängnisstrafe wurde zur Bewährung ausgesetzt. Allerdings wurde Muck die Wiedergutmachung des entstandenen finanziellen Schadens in vollem Umfang auferlegt.

Muck hat das Urteil angenommen. Auch die nachdrückliche Ermahnung, zum Entzug ein Fachkrankenhaus aufzusuchen, hat er sich zu Herzen genommen und in die Tat umgesetzt.

Muck tut darüber hinaus noch ein Weiteres: unermüdlich arbeitet er an der Wiederherstellung des ALEX-Modells. Aber diesmal ist es ein Buddelschiff, das er in mühevoller Kleinarbeit und mit geduldiger Einübung in Geschicklichkeit bastelt. Es wird die GROSSE BODDEL ALEXANDRA! Die Riesenflasche wurde ihm von Flensburgs Rumindustrie zur Verfügung gestellt.

Der Richter, begeistert: „Bald schwimmt also unsere ALEX in spiritualen Gewässern nach Bayern und um die ganze Welt!" – Seine Sekretärin: „Was soll bloß aus dem Münchner Oktoberfest werden, wenn der Flensburger Rumhandel weiterhin so energisch nach Süddeutschland expandiert!"

*

Optimistischer Ausblick des
Berichterstatters

Soll die Buddel doch dahinfahren! Ole Muck hat sich jedenfalls entschieden! („Wat de RUMlers nu vun mi denken, is mi schietegal.") So wird er frisch, fromm und frei mit der Mannschaft von ALEX 2000 Versöhnung feiern, wenn der altehrwürdige Salonsteamer im Juli des ersten Jahres dieser Zeitwende stolz stampfend und qualmend das FLENSBURGER DAMPFRUNDUM anführt – im Grunde schon längst unsterblich und zum Mythos geworden.

Ich selbst mache mit dem Schreiben nun erst einmal Pause – oder sollte ich besser ganz damit aufhören? Jedenfalls blicke ich – erleichtert und zufrieden – aus dem Fenster, sehe drüben vor dem abendroten Himmel den vertrauten Schornstein aufragen!

Wir alle lieben UNSERE ALEX – wie wir unsere Stadt lieben.

Dat makt uns froh,
Ick föhl, dat ick mi freu.–
Na, denn man to:
Flensborg vöran –
und AHOI!

Jan-Carl Petersen

Tod eines Ministerialrats

I

Gelangweilt kreuzte Jahn seine Beine unter dem schäbigen Schreibtisch aus Holzimitat in der Kieler Gartenstraße, seit Jahrzehnten Sitz des für Schulangelegenheiten zuständigen Ministeriums.

Zur Zeit hieß es Ministerium für Schule, Wissenschaft und Sport, aber der Name galt immer nur höchstens für eine Legislaturperiode – wenn nicht schon nach zwei Jahren ein Ministerwechsel zu einem neuen Zuschnitt führte.

Vor einem Jahr hatte er für den neuen Minister eine Landtagsrede mit der Begründung geschrieben, warum gerade diese Kombination und keine andere die endgültig beste Lösung für Schleswig-Holstein sein sollte.

Er hatte die Rede im Schreibdienst langfristig speichern lassen: Teile ließen sich vielleicht wieder gebrauchen, wenn die jetzt beim Ministerium für Soziales, Jugend und Gesundheit ressortierende Jugendabteilung wieder in die Gartenstraße wechselte.

Jahn hätte auch in einer Stunde eine Rede zusammenschreiben können, mit der die Dringlichkeit der Zusammenlegung des Landwirtschafts- und des Frauenministeriums begründet würde. Er war sich sicher, dass ein solcher Text das braune Namenszeichen des Abteilungsleiters, das rote des Staatssekretärs und ein grünes „gut!" des Ministers erhalten hätte.

Jahn hatte sich in den letzten Jahren den Ruf einer Allzweckwaffe erworben, nachdem er kurz vor der Landtagswahl 1988 aus der CDU ausgetreten und nach einer zweijährigen Schamfrist in die SPD eingetreten war. Danach hatte er es schnell zum Ministerialrat gebracht.

Zusätzlich zu seiner wesentlichen Aufgabe, der Schulaufsicht über die Gymnasien und Gesamtschulen im Norden des Landes, war er nacheinander für Offenen Unterricht, Schule und Politik sowie Schule und Kultur zuständig gewesen und kümmerte sich nun um die zunehmenden Gewaltprobleme an Schulen.

Zwar verfügte das Ministerum nicht über genügend Mittel, um ein hervorragendes norwegisches Programm gegen Mobbing an Schulen, für dessen Übersetzung und Anpassung an das deutsche Schulsystem er gesorgt hatte, flächendeckend einzuführen. Damit wären viele Probleme gelöst gewesen.

Aber der Minister verlangte in etwa halbjährlichen Abständen immer neue Konzepte zur Gewaltbekämpfung, um sie auf der Landespressekonferenz präsentieren zu können.

Politik war in den letzten Jahren immer mehr zur symbolischen Politik geworden, die vor allem auf die Resonanz in der Presse schielte. So bekam der Minister eben seine Halbjahresdosis verabreicht.

Diesmal hatte Jahn ein Konzept aus Rheinland-Pfalz leicht verändert, neue Begriffe eingeführt und war gerade dabei, die Druckfahnen für die neue Broschüre „Softes Gewaltmanagement – praxisnah und effektiv" zu korrigieren. Die Flut von Broschüren erweckte den Eindruck großer Ernsthaftigkeit – in Wirklichkeit geschah fast nichts.

Vor einigen Jahren hatte ihm die Diskrepanz zwischen Anspruch und Realität in der Bildungspolitik sowie ein hektischer Lebenswandel zwei Herzinfarkte beschert. Der Jahres-Check an der Universitätsklinik in Kiel vor zwei Wochen war nicht gerade ermutigend gewesen: ein neues, hoch dosiertes Medikament und die ernste Mahnung des Chefarztes, Aufregungen zu vermeiden.

Zusätzlich schluckte er nach Bedarf anständige Portionen Valium, was ihn allerdings manchmal leicht impotent machte.

Das konnte er nun bei Petra Jansen überhaupt nicht gebrauchen.

Voller Vorfreude malte er sich aus, wie sie reagieren würde: Liebte sie heiß und wild oder ließ sie es nur passiv über sich ergehen?

Bald würde er es wissen.

Voller Vorfreude malte er sich aus, wie es sein würde...

II

Das Telefon weckte ihn aus seinen sexuellen Fantasien. Er schaute kurz auf das Display: der Name des Staatssekretärs. Lob der Technik: man wusste vorher, mit wem man es zu tun hatte, und musste den Telefonhörer nicht unbedingt abnehmen.

Stattdessen schlenderte er langsam zur Referentenrunde, die für 11 Uhr angesetzt war. Es war immer ein Genuss, den neuen Abteilungsleiter, einen Import aus Nordrhein-Westfalen, bei seinen Modernisierungsvorhaben zu beobachten. Controlling hier, Aufgabenkritik und -analyse dort – und nichts änderte sich.

Jahn hatte sich in den letzten Jahren einen gepflegten Zynismus zugelegt, was seine Beliebtheit im Ministerium eher gesteigert hatte. Er war parteipolitisch gut abgesichert, hatte ausreichend Verwaltungserfahrung und ein gewisses Renommee aus seiner Zeit als Büroleiter eines früheren Ministers.

Mit seinen 56 Jahren, der Größe von 1,80, den kurzen grauen Haaren und dem englischen Schnurrbart gab er einen hervorragenden Referentendarsteller ab, der auch gern zu den Partys rund um das Landtagsmilieu eingeladen wurde.

Trotz einer gewissen Öligkeit besaß er einen trockenen Witz und hatte vor allem etwas weniger Angst als viele seiner Kollegen, deren Tonlage sich veränderte, sobald sie mit dem Minister sprachen, einer ehrlichen Haut, absolut fantasielos und ohne jedes Charisma. Ein typisches Produkt der Politik der 90er Jahre.

Jahn griff sich ans Herz. Aufregung wegen Petra? Sicher nicht wegen der langweiligen Abteilungssitzung, die er jetzt über sich ergehen ließ. Nicht zu viel Kaffee, nahm er sich vor.

Zwei Stunden lang wurde ein Konzept diskutiert, wie die schlechter werdende Unterrichtsversorgung als Erfolg verkauft werden konnte. Danach berichteten die Referenten über ihre Termine, Arbeitsschwerpunkte, wobei immer wieder besonders schön war, dass die Nieten die größten Sprüche klopften. Jahn stellte kurz seine neue Broschüre vor und gab routiniert vor, daran noch intensiv arbeiten zu müssen. Ein leichter Schwindel erfasste ihn. Schnell eine Zusatztablette.

Nach der Mittagspause meldete er sich bei der Abteilungssekretärin ab und ging in den Landtag. Er hatte einen plausiblen Grund gefunden, ab 15 Uhr in der Verwaltungsloge sitzen zu müssen: Immerhin würde der Minister drei Sätze zur zunehmenden Gewalt an Schulen sagen.

Diese Landtagstermine waren wichtig für den neuesten Klatsch, und die Kantine war die vielleicht wichtigste Nachrichtenbörse für die Verwaltung.

Die stockenden Reden der Parlamentarier, oft mühsam vom Blatt abgelesen, erheiterten ihn immer wieder. Es gab immer weniger Abgeordnete mit dem Niveau der 70er und 80er Jahre. Aufmerksamer wurde Jahn bei der bildungspolitischen Rede der SSW-Abgeordneten, die schnell ihren eigenen Stil gefunden hatte und so klar und deutlich sprach wie ihr durch die Barschel-Affäre bekannt gewordener Vorgänger.

Als der überaus honorige Landtagspräsident den nächsten Tagesordnungspunkt aufrief, eilte Jahn zusammen mit sämtlichen Bildungspolitikern des Landtages in die provisorische Kantine und widmete sich ausgiebig dem Small Talk an den Stehtischen, lobte die SPD-Bildungsexpertin für ihre Rede, gab hier und da ein paar interne Informationen aus dem Ministerium weiter und erhielt im Gegenzug ein Papier mit den neuesten Haushaltszahlen.

Im Vorbeigehen tauschte er Freundlichkeiten mit dem schulpolitischen Sprecher der CDU aus und setzte sich dann zum Clan des Bildungsministers.

III

Nun konnte Jahn abschalten. Wieder ließ er seine Gedanken schweifen, wieder tauchte das Bild der nackten Petra Jansen in seinem Kopf auf: Sie waren im letzten Sommer nach einer Konferenz abends am Strand von Drei schwimmen gegangen. Sie hatte sich ohne Hemmungen vor ihm ausgezogen und war dann ins Wasser gelaufen. Eine wunderschöne Frau mit einem knackigen Apfelpo, kurzen dunklen Haaren, frechen braunen Augen und kleinen festen Brüsten mit aufwärts gerichteten Warzen.

Jahn hatte nach dem Schwimmen zwei Flensburger Pils und zwei Aalborger vom Strandkiosk geholt und ihr dann sein klassisches Angebot gemacht, wie schon zwei Dutzend Referendarinnen zuvor: gute Noten im zweiten Staatsexamen gegen ausgiebigen Geschlechtsverkehr vor den Prüfungen.

Bis auf zwei waren alle jungen Frauen darauf eingegangen. Er profitierte von dem ungeheuren Notendruck, dem die jungen Lehrkräfte ausgesetzt waren. Schon eine befriedigende Note machte das gesamte Studium und die zweijährige Referendarzeit wertlos.

Da alle Beteiligten an den Prüfungen dies wussten, hatte er meist leichtes Spiel. Auf die zwei Ablehnungen hatte er mit massiven Einschüchterungen reagiert.

Zeugen gab es nie. Und auch bei der nackt neben ihm liegenden Petra war ja nicht einmal ein verstecktes Bandgerät möglich. Das war stets seine einzige Furcht gewesen. Nach den Prüfungen hatte er die Frauen mindestens genauso in der Hand wie sie ihn. Jahn hatte sich immer an seinen Teil der Abmachung gehalten und in den Gesprächen nach den Prüfungen, an denen er als Schulaufsichtsbeamter teilnehmen konnte, die Zensuren seiner Schützlinge nach oben gedrückt.

Petra blickte ihn erstaunt an. Jahn starrte gierig auf ihr dichtes schwarzes Dreieck und legte sich auf den Bauch.

Sie stimmte zu: nach der Prüfung. Wütend verhandelte Jahn über einige Abende im Kieler Hotel Astor vor dem Examen. Petra blieb hart, berührte ihn sanft mit ihren Brüsten und küsste ihn leicht: nach der Prüfung und nur bei einem Notendurchschnitt zwischen 1 und 1,5.

Diese Zensur war bei ihren guten Leistungen durchaus zu schaffen. Jahn hatte sich ihre Akten genau angesehen und eine Lehrprobe besucht. Dabei hatte er sie auch als seine persönliche Kandidatin für dieses Halbjahr ausgesucht.

Er zog Petra an sich. Sie gab nach kurzem Wehren nach, doch dann wurde ihm schwarz vor Augen.

Als er wieder aufwachte, hatte Petra ihn angezogen und eine Decke aus dem Auto über ihm ausgebreitet.

Bloß keinen Rettungswagen! Keine Zeugen! Seine Medikamente! Schnell! Zwei Herztabletten, zwei Valium und ein doppelter Aalborger brachten wieder Farbe in sein Gesicht.

Er sah Petra an. War etwa Besorgnis in ihrem Blick? Aber da war noch ein anderer Ausdruck, den er nicht deuten konnte.

Er wollte einige Schritte allein gehen. Vielleicht noch ein Bier. Nackte Angst vor einem dritten Herzinfarkt packte ihn. Diese attraktive Frau regte ihn auf.

Mit seiner eigenen schlief er nur noch, wenn sie beide getrunken hatten und in eine sentimentale Stimmung kamen. Sie hielten ihre Ehe aus Bequemlichkeit aufrecht und fuhren einmal im Jahr gemeinsam in die Ferien. Das Wochenendfrühstück war ihr einziger gemeinsamer fester Termin.

Müde bestellte sich Jahn ein weiteres Pils und setzte sich dann schwer auf eine der Holzbänke vor dem Getränkekiosk am Strand von Drei.

Petra Jansen blickte dem leicht schwankenden Jahn mit zusammengekniffenen Augen nach. Ihre beste Freundin Susanne hatte sich im letzten Jahr auf dessen Angebot eingelassen und war danach in eine schwere Depression gestürzt. Vor zwei Wochen hatte sie einen Besuch in der psychosomatischen Klinik im Weserbergland gemacht. Es war nicht mehr viel übrig von der lebenslustigen Susanne aus Kieler Studententagen. Bei diesem Besuch hatte sie einen Entschluss gefasst.

Petra hatte schon von Jahns Herzproblemen gehört und durchsuchte nun schnell seine neben ihr liegende Tasche. Sie entdeckte das Fläschchen mit den Herztabletten, nahm zwei Pillen heraus und den Beipackzettel. Lässig schlenderte sie auf den Kiosk zu und setzte sich zu Jahn: eine Nacht im Bov Kro, gleich nach der Prüfung. Erschöpft willigte Jahn in ihren Vorschlag ein.

IV

Petra musterte ihren alten Freund Jürgen, einen Assistenz-
arzt an der Diakonissenanstalt. Sie schlürfte den heißen
Darjeeling-Tee und räkelte sich in dem bequemen Sessel
auf der Veranda seiner schönen Altbauvilla in der Glücks-
burger Petersenallee.

Jürgen, einige Jahre älter als sie, gehörte wie Susanne zu
ihrer Kieler Studentenclique und war ihr Ausgehfreund in
Flensburg. Sie selbst wohnte in einer kleinen Altbauwohnung in der Norderstraße und nutzte gern Jürgens Angebot, seinen Garten im Sommer zu benutzen.

Sie schämte sich ein wenig, dass sie ihm den Beipackzettel von Jahns Herzpräparat mit einer faustdicken Lüge zugeschickt hatte. Mit gespielt besorgter Miene hörte sie nun
seinen weitschweifigen Erklärungen zu, dass ihr Vater dieses Präparat auch regelmäßig zu nehmen habe, jede Aufregung meiden müsse und das Medikament sofort nehmen
solle, wenn er auch nur eine leichte Übelkeit oder Herz-
stiche verspüre.

Sie unterhielten sich noch eine Weile über den vermeintlich schlechten Gesundheitszustand ihres kerngesunden
Vaters, und Petra verabschiedete sich mit einem leichten
Kuss von Jürgen. Es gehörte zu ihren ständigen Spielerei-
en, dass er immer mehr wollte.

Nach dem Unterricht an der Goetheschule klapperte
Petra die Drogerien und Supermärkte auf der Suche nach
Tabletten ab, die dem Jahnschen Herzpräparat ähnlich waren. Schließlich fand sie ein pflanzliches Mittel zur Stär-
kung des Immunsystems, das in einer Forschungsreihe ein
hervorragendes Placebo abgegeben hätte. Die Tabletten
waren nicht zu unterscheiden.

Zufrieden bummelte sie den Holm entlang, dann durch
die Große Straße und gönnte sich im Café Charlott den
leckeren Apfelkuchen.

V

Jahn beobachtete Petra bei der Lehrprobe genau. Mit
ihrem raffiniert geschnittenen Hosenanzug, dezent ge-

schminkt und leicht gebräunt, dazu noch hervorragend vorbereitet, absolvierte sie souverän die Prüfung.

Er würde gleich in der Besprechung auf „sehr gut" plädieren. Das Warten hatte sich gelohnt. Mit einer solch attraktiven Frau hatte er noch nicht geschlafen. Bov Kro, 19 Uhr zum Essen, hatte sie ihm zugeflüstert und schon die Vorspeise bestellt: Taschenkrebs-Cocktail mit Salatstreifen in einer halben Melone. Keine Nachspeise. Nur sie beide.

Jahn griff sich an die Brust. Besorgt horchte er in sich hinein: nur eine Extrasystole. Er tupfte sich den Schweiß von der Stirn.

In der anschließenden Besprechung setzte Jahn, obwohl ohne Stimmrecht, die bestmögliche Gesamtnote für Petra durch. Sie dankte es ihm mit einem strahlenden Lächeln, leicht geöffneten Lippen und ließ kurz ihre Zungenspitze sehen. Jahn stöhnte, für andere unmerklich, auf.

Am Nachmittag beruhigte er sich mit einem Spaziergang in Holnis und fuhr dann in Krusau über die Grenze. Er bog nach Smedeby ab, lenkte seinen Saab den Padborgvej entlang und hielt vor dem weiß gestrichenen Hotel und Restaurant.

Nervös holte er seine Reisetasche und die fünf langstieligen Rosen aus dem Kofferraum. An der Rezeption schwankte er zwischen den billigeren Doppelzimmern ohne Bad und einem Komfortzimmer. Seine sexuellen Fantasien ließen ihn dann doch tiefer in das Portemonnaie greifen.

Er reservierte den Ecktisch links vom Kamin mit dem ausdrücklichen Wunsch, dass keine weiteren Gäste dazugesetzt würden. Ein wenig plüschig fand er den Kro schon, doch das Zimmer war sachlich-skandinavisch eingerichtet, das Doppelbett hart genug, und schließlich gab es auch noch ein Sofa für Spiele, die ihm durch den Kopf gingen.

Nur noch eine Stunde.

Er holte die zwei Flaschen Crémant d'Alsace, einen akzeptablen Champagnerersatz, aus der Tasche und legte sie zum Kühlen in das Waschbecken. Zwei Gläser und die

Blumen stellte er auf den Kieferntisch vor dem Sofa. Eigentlich war ihm nach einer Valium zumute, aber er beließ es bei einer halben Herztablette. Heute wollte er in Form sein. Jahn duschte, zog seine beste dunkelgraue Kombination an und band eine jugendliche Krawatte um.

An der Rezeption lag eine Nachricht für ihn vor. Wollte Petra ihn sitzen lassen? Hätte er sich doch nicht auf Sex nach der Prüfung einlassen sollen?

Erleichtert atmete Jahn auf. Petra wollte nur kurz vor dem Essen allein auf das Zimmer gehen können.

VI

Petra fummelte an den grünen Kontaktlinsen herum, die sie sich in Hamburg in einer Fielmann-Filiale hatte anfertigen lassen. Sie hätte doch häufiger üben sollen.

Das Ergebnis war verblüffend: Die Augenfarbe stand ihr und passte hervorragend zur leider teuren roten Lockenperücke und dem knallroten, ordinären Lippenstift.

Bei Beate Uhse hatte sie sich einen schwarzen Body besorgt, einen Vinyl-Mini und die dazu passenden halterlosen Netzstrümpfe. Bei Quick-Schuh am Südermarkt hatte sie sich noch billige hochhackige Schuhe gekauft, auf denen sie jetzt in ihrer Wohnung herumstöckelte.

Wieso können Frauen sich so etwas freiwillig antun, dachte Petra. Aber es war ja nur für diesen Abend und für ein gewagtes Experiment: Würde sie die Präservative überhaupt brauchen, die sie jetzt mit Jeans und ihrem Lieblings-Schlabberpullover in einen Plastikbeutel steckte?

Sie probierte ein letztes Mal die schwarzen Handschuhe an, die bis zum Ellenbogen reichten und die die Nuttenausstattung perfekt machten. Die Handschuhe waren zwar übertrieben, aber sie wollte später keine Fingerabdrücke hinterlassen.

18.30 Uhr. Petra puderte ihr Gesicht sehr hell und zog sich ihren längsten Trenchcoat an. In flachen Schuhen, ohne Perücke und Handschuhe, ging sie mit wackligen Knien die Treppe in dem schon leicht verkommenen Altbauhaus hinab und schloss ihren VW-Golf auf.

Ein unauffälliges blaues Auto mit Flensburger Kennzeichen, das auf dem Parkplatz vor der Schwimmhalle in Bov, die von vielen Deutschen besucht wurde, nicht auffallen würde.

Sie wurde an der Grenze durchgewunken und nahm den Smedebyvej nach Bov. Auf dem Parkplatz prüfte sie den Sitz der Perücke im Rückspiegel, zog sich die Lippen nach und die Handschuhe an.

Zum Glück war es schon etwas dunkel. Sie trippelte die fünf Minuten zum Bov Kro auf den drückenden Schuhen und ließ sich an der Rezeption die Schlüssel aushändigen. Die peinliche Musterung musste sie ertragen. Das würde gleich im Restaurant noch schlimmer werden.

Im Zimmer legte sich Petra kurz aufs Bett und atmete tief durch: bloß keinen Fehler machen.

Jahns Herztabletten lagen in der Nachttischschublade, so wie sie es vermutet hatte. Sie tauschte sie gegen das Pflanzenpräparat aus und schüttete das hoch dosierte Medikament in eine Papiertüte. Sie durfte nicht vergessen, sie später wieder auszutauschen.

VII

Jahn erbleichte. Das war eindeutig Petra: Die schönen langen Beine waren ja nicht zu übersehen. Sie tänzelte hüftschwingend auf ihn zu und küsste ihn auf den Mund. Alle Männer im dicht besetzten Restaurant stierten auf Petras Körper. Ein dicker Däne am langen Tisch vor dem Kamin pfiff ihr anerkennend nach.

Jahn war in Flensburg aufgewachsen. Wenn nun Bekannte auftauchten? Immerhin war der Bov Kro ein bei Deutschen sehr beliebtes Restaurant mit ausgezeichneter dänischer und internationaler Küche.

Er machte Petra leise Vorwürfe, die sie jedoch lächelnd abwehrte. Sie hatte ihren rechten Schuh abgestreift und streichelte seine Knöchel. Jahn wurde abwechselnd rot und blass. Er schwitzte.

Petra machte ihm deutliche, fast schon obszöne Angebote für die Nacht. Sie hatte die beiden obersten Knöpfe ihrer Bluse geöffnet und zeigte viel Busen.

Jahns Herz klopfte wild. Er brauchte dringend sein Herzmedikament. Auf der Treppe wurde ihm schwindelig, und er griff mit schweißnassen Händen nach dem Treppengeländer. Gierig stürzte er eine Überdosis seiner Tabletten hinunter. Gleich wurde ihm etwas besser. Er wusch kurz sein Gesicht kalt ab und steckte frische Taschentücher für die feuchten Hände ein.

Langsam ging er durch das Restaurant auf Petra zu. Die Männer grinsten ihn kumpelhaft an, die Frauen warfen ihm kühle Blicke zu. Petra verlangte Champagner zur Vorspeise. Zittrig löffelte Jahn seine Mulligatawny-Suppe, eine Empfehlung des Kellners. Das würde seine weitaus teuerste Erpressung sein, aber es lohnte sich.

Er rief sich die nackte Petra am Strand in Erinnerung und willigte deshalb auch in den teuersten Rotwein zur Rindslende „London-House" für zwei Personen ein. Das Biest hatte Geschmack und wusste genau, was es wert war.

Jahn bat Petra, nicht so ausgiebig mit dem angetrunkenen Mann am Nachbartisch zu flirten, und flüsterte ihr zu, dass er sie sich etwas unterwürfiger wünschte.

Petra ging sofort auf das Spiel ein und widmete sich nur noch Jahn.

Aufmerksam verfolgte sie seine Gesichtsverfärbungen und beobachtete die geweiteten Augen. Jahn griff immer wieder zum Taschentuch und tupfte sich den Schweiß von der Stirn.

Zweimal griff er sich an die Brust und atmete dabei schwer. Petra lächelte und verstärkte die Liebkosungen mit ihrem Fuß. Der Wein war ausgezeichnet. Hoffentlich stabilisierte er nicht Jahns Kreislauf. Petra hatte einmal von der herzschonenden Wirkung von zwei Gläsern Rotwein am Tag gelesen.

Jahn sehnte das Ende des Essens herbei. Er konnte sich nur noch mühsam auf dem Stuhl halten und wurde von Angstattacken gepeinigt.

Sein Rücken war nass und seine Hände trieften. Manchmal nahm er Petra kaum noch wahr.

VIII

Kreidebleich zeichnete er die Rechnung ab und erhob sich mühsam vom Tisch. Petra tänzelte ihm voran und ließ ihn auf der Treppe die nackte Haut ihrer Oberschenkel sehen. Dieser Mann hatte nichts mehr gemein mit dem selbstsicheren Ministerialrat, der ihr beim ersten Kennenlernen durchaus Respekt eingeflößt hatte.

Schwer ließ sich Jahn auf das Sofa fallen, bat Petra, den Crémant zu entkorken, und schlich sich an seinen Nachttisch, um noch einige Pillen zu schlucken. Gleich würde er wieder in Bestform sein und sich ausgiebig Petra widmen können. Er nahm noch einen Schluck aus einer kleinen Flasche mit einem angeblich potenzfördernden Mittel.

Petra hatte sich die Bluse aufgeknöpft und schenkte die Gläser voll. Sie küsste Jahn leidenschaftlich und nestelte an seiner Hose herum. Die schweißnassen Hände, die danach an ihrer Brust herumfummelten, ignorierte sie und zündete sich lässig eine filterlose Gauloise an. Jahn hatte nie bemerkt, dass sie rauchte, akzeptierte aber die angebotene Zigarette, obwohl ihm Nikotin vom Arzt verboten worden war.

Nach zwei Zügen wurde ihm schwindlig. Er legte sich aufs Bett und bat Petra um eine kurze Verschnaufpause. Die Decke kreiste vor seinen Augen. Petra schmiegte sich so eng an ihn, dass ihr billiges Parfum ihm fast den Atem nahm. Sie küsste ihn wieder anhaltend. Jahns Herz raste. Petra kniete sich mit gespreizten Schenkeln über ihn und bat ihn, ihren Body aufzuknöpfen, doch Jahn nahm sie nur noch schemenhaft wahr.

Mit einem Seufzer drehte er sich auf die rechte Seite, um sein Herz zu entlasten.

Das Letzte, was Jahn in seinem Leben sah, war der weiße Schirm einer Nachttischlampe im Königlich privilegierten Bov Kro von 1566.

IX

Petra handelte schnell. Als sie keinen Puls mehr fühlte, füllte sie die Herztabletten wieder in das Fläschchen und steckte das Pflanzenpräparat ein. Sie zog sich rasch an. Die Perücke saß so dicht, dass keines ihrer dunklen Haare im Zimmer herumliegen konnte. Fingerabdrücke hatte sie nicht hinterlassen.

Sie gurtete ihren Mantel zu und hängte das „Bitte nicht stören"-Schild an die Zimmertür. Die blonde Dame an der Rezeption nickte ihr wissend zu. Vor dem Gasthof zog sie die Handschuhe aus.

Petra stakste mit unsicheren Schritten zum Parkplatz vor der Schwimmhalle. Im Auto zog sie rasch ihren Billig-Mini aus und zwängte sich in ihre Jeans. Erleichtert zog sie den dicken Wollpullover über.

Schnell noch das Gesicht abgeschminkt und die Kontaktlinsen vorsichtig herausgenommen. Petra stopfte alle Utensilien in die Plastiktüte. Den Body und die Netzstrümpfe wollte sie erst in der Wohnung ausziehen. Ruhe, Ruhe, Ruhe, verordnete sie sich. Man würde nach einer rothaarigen Prostituierten mit grünen Augen suchen und nicht nach der hübschen jungen Frau mit den braunen Augen und dem kurz geschnittenen Haar, die sie jetzt im Rückspiegel anlachte.

Mit einer Gelassenheit, über die sie sich selbst wunderte, fuhr sie in Krusau wieder über die Grenze.

In ihrer Wohnung duschte sie erst einmal ausgiebig. In einen Bademantel gehüllt, kuschelte sie sich auf das Sofa und nippte an dem Grappa, den sie gestern gekauft hatte.

Sie wählte Jürgens Nummer. Er war mit einem Bummel durch die Kneipen der Roten Straße einverstanden. Sie legte die Präservative unter ihr Kopfkissen: Vielleicht würde ihr alter Freund ja heute noch eine Überraschung erleben.

Das letzte Fünkchen Angst vertrieb sie mit einem zweiten Grappa: Jahn hatte sicherlich mit seinen Frauengeschichten nicht geprahlt, aber ihr war wohl auch kaum etwas nachzuweisen. Den Plastikbeutel mit ihrer Kostümierung stopfte sie mit viel Abfall in eine Einkaufstüte, die sie in die Mülltonne des dänischen „Aktivitetshuset" in der Norderstraße steckte.

In Jeans und Lederjacke, ungeschminkt und in ihren bequemsten Schuhen schlenderte sie durch Flensburg und dachte intensiv an Susanne. Mit dem Chefarzt der Klinik hatte sie vereinbart, dass sie mit ihrer Freundin einige Tage an die Nordsee fahren durfte.

Doch erst einmal fiel sie Jürgen, der auf dem Südermarkt auf sie wartete, um den Hals.

Hand in Hand gingen die beiden auf die Rote Straße zu. Ein wenig Jazz, ein wenig Wein – das Leben war schön.

Rolf Lehfeldt

Unruhige Zeiten

Ein historischer Kriminalfall?

Man schreibt das Jahr 1412, näher bezeichnet den 24. Oktober vormittags. Der Hafen liegt mehr als sonst voller Schiffe, haben doch an seinem westlichen Ufer die Koggen Königin Margrethes festgemacht, die zu Beginn des Monats der königlichen Streitmacht auf dem Marienberg – was heute Duburg ist – Verstärkung brachten, als Erik Krummedige zu Rundtoft in Angeln mit anderen Getreuen der Herzogin Elisabeth sich unsere Stadt zur Beute machen wollte. Und das obwohl des Jahrs zuvor im März zu Kolding man besiegelt hatte, dass Flensburg und das befestigte Niehus Margrethe zugehören sollten.

Das Franziskanerkloster konnte er besetzen und dann die untere Stadt, als Braunschweigs Herzöge, die Brüder der Elisabeth, ihm dabei zu Hilfe eilten. Doch als Margrethe ihren Mannen auf dem befestigten Marienberge über See Verstärkung brachte, da zogen Holsteins Streiter plötzlich ab. Sie sagten, Krankheit habe ihre Streitmacht arg befallen und sie am Kampf gehindert.

So ist ganz Flensburg also heute wieder königlich, nachdem Margrethe selbst in eigener Person die Waffenruhe konfirmiert und unter jenen, die mit Krummedige konspirierten, ein eisern Strafgericht gehalten. Ihr getreuer Henning Skarpenberg, Heerführer und Obrist – vor zwei Jahren in der Schlacht bei Eggebeck gefangen und wieder freigekauft – saß dem Gericht vor, das keine Milde hat gekannt. Zwei ganze Tage war der Henkersknecht damit beschäftigt, all jene aufzuknüpfen, die Arm und Schwert dem Aufruhr liehen.

Doch nun herrscht wieder Ruhe in der Stadt. Flensburg erwartet für den Nachmittag den Einzug Königin Margrethes. Ein großer Tag, der alle auf den Beinen sieht.

In der alten Schifferstube am Hafen geht es drum laut

her. Handwerker, Schauerleute, Ratsverwandte und Kaufleute diskutieren das große Ereignis – nicht im Entfern-
testen ahnend, dass es ganze 566 Jahre dauern wird, bis
wieder eine Königin Margrethe in Flensburgs Mauern wei-
len wird.

Die Branntweinbecher kreisen, und Thomas Krock,
Kröger und Küper, macht ein gut Geschäft ganz außerhalb
der üblichen Tageszeit. Aber er blickt ernst und verschlossen auf seine vielen hoch gestimmten Gäste. Der Missmut
steht ihm ins Gesicht geschrieben. Kein Wunder, war doch
sein Bruder Laurenz einer von des Krummediges Mannen,
die just dem Strafgericht verfielen – zusammen mit Jochim
Dorheyde und Hans Holste, mit denen Freund er war von
Kindesbeinen an. Und im Vertrauen gesagt: er hatte niemals Sympathie für die Dänischen, die nun sogar Schwe-
den, Norwegen, Pommern, die Hanse und zuletzt wohl
noch die ganze Welt beherrschen wollten.

„Hei, Kröger", ruft da Kaufmann Ketelsen, „bring einen
neuen Krug auf meine Rechnung. Und mach ein fröhliches
Gesicht am heutigen Tage. Du hast es nötig. Hieltest du
nicht auch mit denen aus Holstein, wie dein Bruder?"

„Ich hob nicht meine Hand und nicht mein Schwert,
Magnus Ketelsen. Doch meines Bruders Tod betrübt mich
wahrlich schwer. – Hier habt Ihr einen neuen Krug, um
Eure Freude zu begießen."

„Schon gut, Kröger, ich weiß, dass Ihr auf Seiten jener
war. Seid froh, dass Ihr der gerechten Strafe entgangen seid.
Wir leben in unruhigen Zeiten."

Und während Ketelsen die Zeche zahlt und Thomas
Krock die Münzen in seinem Lederbeutel verschwinden
lässt, murmelt er über den Schanktisch: „Ja, aber es ist noch
nicht aller Tage Abend."

Kaum je zuvor war so viel Volk auf dem Nordermarkt ver-
sammelt. Die ganze Stadt scheint auf den Beinen zu sein,
um Königin Margrethe zu sehen. Die Ratsverwandten haben sich große Mühe gegeben, das Festliche des Anlasses
sichtbar zu machen, um der Königin zu zeigen, dass die

zweitgrößte Stadt des Reiches sich treu mit ihr verbunden fühlt. Die Erhöhung der Stadtmauern und der Bau der Befestigung auf dem Marienberge – den Margrethe sehr gegen den Willen der Holsteiner vorantreiben lässt – werden die Stadt wirksam gegen zukünftige Einfälle beschützen.

Wenn erst das Flensborghus dort voll befestigt ist, wird auch die Sicherheit des Rates fortan zu garantieren sein. Dann kann die Obrigkeit der Stadt jedem Versuch, sie zur Unbotmäßigkeit zu zwingen – wie es Herzogin Elisabeth und ihr Bruder, der Bischof und Herzog Henrich von Braunschweig, im Jahre 1404 versucht haben –, mit Stärke sich gebührend widersetzen.

Peter Agtrup und Iver Jul, die Bürgermeister von St. Nikolai und St. Marien, erinnern sich noch gut an das Ereignis. Sie waren beide Ratsverwandte damals, als der Rat einer Einladung nach Gottorp folgte und man sie alle dort gefangen setzte, um so der Stadt Gefolgschaft sich zu sichern. Es war wohl auch dieserthalben, dass Iver Jul der Königin einen Teil seines Landes auf dem Marienberg verkauft hatte, damit sie dort ihre Burg bauen und Stadt und Hafen schützen konnte.

Es ist auch erst zwei Jahre her, seit die Holsteiner Johan Skondelev, den Bischof von Schleswig, der damals gerade in Flensburg weilte und der ein getreuer Gefolgsmann der Krone war, in seinem Bette überfielen, ihn arg misshandelten und dann – der Ärmste war halb nackt – aus der Stadt entführten.

Ja, es waren gewiss unruhige Zeiten. Aber all das hat ja nun gottlob ein gutes Ende gefunden. Die Flensburger stehen Kopf an Kopf vom nördlichen Tore, die ganze Ramsherred entlang – was heute die Norderstraße ist – bis zum Markte und von St. Nikolai die ganze Große Straße entlang. Auf dem Marktplatz hat man eine erhöhte Plattform errichtet, auf der ein schwerer Holzsessel mit einem dicken Kissen steht, von Katrine Agtrup – des Bürgermeisters Frau – mit dem Wappen der Stadt bestickt. Links und rechts an den Seiten des Podestes warten die Ratsverwandten und die Ältermänner der Gilden im Sonntagszeug – allen voran der Ältermann der St. Knudsgilde, der ältesten und einflussreichsten aller Flensburger Gilden, der sogar die Wahl der Bürgermeister zukommt. Daneben die Geistlichen von St. Nikolai, St. Marien, St. Hans und St. Gertrud, die Franziskaner Mönche mit ihrem Abt, Merbot Simplicius an der Spitze.

Die beiden Bürgermeister Peter Agtrup und Iver Jul schwitzen sichtlich unter ihren pelzverbrämten Roben, oder ist es die Erwartung des hohen Besuches, dass ihre Wangen stark gerötet sind? Die goldenen Ketten blinken in der Nachmittagssonne, und der Stadtschreiber dreht ungeduldig eine Pergamentrolle in seinen Händen, auf dem der Text des Treuebekenntnisses geschrieben steht, das Iver Jul nun bald verlesen wird, um es dann – mit dem großen Geheimsiegel der Stadt gesiegelt – der Königin zu überreichen.

Endlich ist es soweit. Ein Raunen der Unruhe geht durch die Menschenmenge. Trompeten erschallen. Die Herolde machen den Weg frei. Vom Hafen schreitet Königin Margrethe über den Marktplatz. Hinter ihr Henning Skarpenberg, Bischof Johan Skondelev, die Reichsräte, die Kapitäne der königlichen Koggen und zuletzt die harnischbewehrten Wachsoldaten hinter dem Banner mit den Löwen und den drei Kronen, die drei Reiche symbolisierend, die unter ihrer Herrschaft vereinigt sind.

Die Flensburger jubeln. Die Honoratioren verbeugen sich, und Peter Agtrup hilft der Majestät die Stufen hinauf auf das Podest, wo sie auf dem großen Stuhle Platz nimmt.

Ein Trompetenstoß und es tritt Ruhe ein. Iver Jul heißt die Königin in Flensburg willkommen. Man reicht ihm das Pergament, und er liest, was der Rat der Stadt beschlossen hat.

„Wir, Bürgermeister und Ratsleute und die ganze Gemeinde in Flensburg tun kund … dass, nachdem wir nun wieder in unseres gnädigen König Eriks und unserer gnädigen Frau, Königin Margrethes, und Dänemarks Reiches Dienst gekommen sind … und sie nun gnädig und gut mit uns verfahren sind, nachdem wir uns nun gegen sie versehen hatten, da erbieten wir uns jetzt alle mit diesem unserem offenen Briefe mit unserem guten Glauben immer getreulich und wohl zu meinen und zu dienen unserem gnädigen Herrn König Erik und Königin Margrethe und Dänemarks Reich. – Sollte es so sein, dass irgendjemand – er wäre, wer er wolle – wollte verraten oder gewinnen die Stadt Flensburg entgegen dieser unserer Herrschaft oder Dänemarks Reich, oder öfter uns einnehmen – was Gott verhüte –, da sollen und wollen wir alle zusammengehen und zusammenbleiben und kräftig dagegenstehen ... und welcher von uns es nicht tue ..., über den soll man richten als Verräter."

Der Jubel der Menge zerreißt die Stille, als Iver Jul das Pergament der Königin überreicht. Sie gibt es einem ihrer Reichsräte zur Verwahrung und erhebt sich. Ein neuerlicher Trompetenstoß und Margrethe sagt den Flensburgern:

„Ich danke euch allen und nehme euren Treueschwur entgegen, im Namen meines Sohnes, König Eriks, der heuer noch auf Alsen weilt. Ich werde diese Stadt befestigen und schützen, sodass ihr weder von Land noch von See her Unbill drohen soll. Sie ist der südlichste Pfeiler Dänemarks und meiner nordischen Reiche. Frieden und Wohlstand mögen immer in ihr wohnen. Euer Fleiß und Handel mehret der Krone Ansehen. Ich weiß eure treue Liebe und Gefolgschaft wohl zu schätzen."

Die Flensburger jubeln und winken. Sie drängen sich an den Fenstern ihrer Häuser, und nur ganz wenige Fenster bleiben geschlossen.

Dem Podest gegenüber, in der ersten Reihe der Schaulustigen, steht Lene – Fabian und Grete Bundtmakers vierjährige Tochter – mit vor Aufregung blanken Augen. Ihre warmen Kinderhände umklammern einen Strauß Margeriten, die sie schon ganz früh morgens für die Frau Königin gepflückt hat und die in der langen Zeit des Wartens ohne Wasser nun die Köpfe hängen lassen. Als die Königin vom Podest herabsteigt und in dem Wagen Platz nimmt, der sie hinauf auf den Marienberg bringen soll, gibt es für Lene kein Halten mehr. So schnell ihre Beine sie tragen, läuft sie zum Wagen: „Hier Frau Königin, hab ich extra für dich gepflückt."

Margrethe lächelt: „Wie heißt du denn, mein Kind?"

„Lene Bundtmaker."

„Danke, kleine Lene, danke." Die Königin nimmt die halb verwelkten Margeriten und legt sie in ihren Schoß.

Die Pferde ziehen an. Der Wagen holpert über das Kopfsteinpflaster des Ramsherred und dann hinauf auf den Marienberg, begleitet von ihrem Gefolge und vom Jubel der Flensburger.

Es war ein guter Tag, denkt die Regentin, und ich werde die Blumen in eine Vase mit Wasser stellen – ihre letzten Blumen –, aber das weiß Margrethe ja nicht.

Es ist der 27. Oktober 1412. Die Nachmittagsmesse im Franziskanerkloster ist gerade zu Ende gegangen. Die Mönche gehen zurück in ihre Zellen, um eine Stunde im Gebete und stiller Meditation zu verweilen. Die Glocke zeigt es an, so wie sie immerfort den Tagesablauf der Brüder reguliert.

Im Keller in einer Nische neben dem Vorratsraum kauert Jahan Mahrt. Und das seit nunmehr einer Woche. Er friert. Aber die Kälte und ein paar rohe Rüben, die er durch das Türgitter ergattern kann, sind immer noch hundert Mal besser als mit einem Strick um den Hals am Galgen zu baumeln. Und genau das wäre sein Los gewesen, hätte man einen von Krummediges Leuten in Flensburg erwischt.

Er hasste diese Dänen von ganzem Herzen, hatten sie doch – als er mit den Holsteinern 1410 bei Eggebeck gegen sie kämpfte – seinen Hof niedergebrannt und sein Vieh fortgetrieben. Seitdem war er nur noch von dem Gedanken an blutige Rache erfüllt und hatte sich dem Krummedige auf Rundtoft verdingt, als dieser versuchen wollte, die Stadt für die Holsteiner zu erobern.

Zu dumm auch, dachte er, dabei hatten wir fast die ganze Stadt besetzt. Die Dänischen hatten uns dann wieder hinausgetrieben und jeden, dessen sie von uns habhaft wurden, als Verräter verurteilt und gehenkt. Er hatte sich hier versteckt, und sie hatten ihn gottlob nicht entdeckt. Jetzt, nachdem über eine Woche vergangen war, konnte er sich wohl hinauswagen und versuchen, sich nach Rundtoft durchzuschlagen.

Und wie er sich dieses gerade so überlegt, da pocht es an die Klosterpforte. Bruder Konradin eilt hinzu und öffnet einem Seemann von Margrethes Kogge.

„Mich schickt der Kapitän des königlichen Schiffes. Die königliche Frau hat für heute Abend die Ratsverwandten und die Bürgermeister zu einem Umtrunk auf das Schiff geladen. Wir setzen morgen nämlich wieder Segel. Hierzu, soll ich vermelden, sei auch der Herr Abt willkommen. Doch da ist noch etwas, was ich vermelden soll. Es fehlt an Rotspon auf der Kogge, und unser Kapitän hat da gedacht, dass man vielleicht im Klosterkeller ... nun, Ihr wisst schon. Schafft also gleich ein Fass davon an Bord."

„Sag deinem Käpten, dass ich es bestellen werde. Und was das Fass betrifft: ich werde es bringen lassen."

Die Pforte fällt wieder ins Schloss, da ruft der Abt aus seinem Zellenfenster: „Was gibt es dort?"

„Ihr sollt aufs Schiff zum Umtrunk mit der Königin. Der ganze Rat soll hin und auch die Bürgermeister. Und ein Fass Rotwein hat man auch erbeten, dieweil die Vorräte dort knapp geworden. Ich werde es veranlassen. Martinius und Thomas können es dann hinbringen."

„Gut, gut so, Bruder Konradin. Und noch eines: Bringt mir den großen Zinnpokal. Ihr wisst, den mit dem hübsch gravierten Deckel und den Löwenfüßen, dass ich als Gabe ihn Margrethen überreiche. Und legt die Kutte aus dem dicken Stoff mir hin, denn es ist kalt, wenn sich der Abend naht."

Jahan Mahrts Plan ward schnell gefasst. Voller Sehnsucht erwartet er nun den Abend, die Kälte nicht mehr wahrnehmend. Wein, Pokal, Kutte, Schiff, die ihm so sehr verhasste dänische Margrethe ..., da schien ihm alles beieinander zu sein – bis auf das Eine, Wesentliche: womit den Rotspon man in Todspon verwandeln könnte.

Doch wie das Schicksal es so will, auch dafür findet sich Rat: das weiße Pulver, das die Mönche auf diese faulen Fleischstücke streuen, die sie auf Treppen und in Kellerräumen auslegen, damit die Ratten langsam eines sicheren Todes sterben und nicht die Vorräte des Klosters dezimieren können.

Er kratzt es ab, rollt es zu einer kleinen Kugel, die er in seinem Wams verschwinden lässt. Es stinkt zwar gräulich, doch ein Dutzend toter Ratten in einer Woche bürgen wohl für den Erfolg.

Nun heißt es nur noch Warten. – – –

Endlich öffnet jemand die Pforte. Jahan Mahrts Nerven sind gespannt. Aber es sind nur die beiden Mönche mit dem Rotweinfass. Also weiter warten. Nach einiger Zeit kommen sie zurück. Das Tageslicht, das durch die Kellerluke fällt, wird fahl und zeigt die Dämmerung an.

Dann endlich hört er Schritte. Jemand geht über den Klosterhof. Zwei Personen. Das müssen der Abt und Bruder Konradin sein, der mit dem Schlüsselbund klappert und nun die Pforte aufschließt: „Hier ist der Pokal, Herr, seid behutsam damit und nun geht mit Gott und kommt mir gesund wieder."

Die Pforte fällt wieder ins Schloss. Jahan Mahrt zwängt sich durch die Kellerluke ins Freie. Er erblickt den Abt auf dem Weg, an St. Nikolai vorbei, hinunter zum Hafen. Ein älterer Mann. Es wird also ohne viel Kraft und ohne großes Aufsehen geschehen können. Die Straße ist um diese Zeit ohnehin menschenleer.

Jahan Mahrt beflügelt seine Schritte. Als er hinter dem Abt zu gehen kommt, reißt er ihn hinterrücks zu Boden, schlägt seinen Kopf hart gegen das Steinpflaster, bis er liegen bleibt. Er zieht ihn hinter einen Ladekran, entkleidet ihn seiner Kutte und schlüpft in sie hinein, schlägt die Kapuze über den Kopf, nimmt den Pokal an sich und geht weiter am Hafenufer entlang bis zur Anlegestelle der königlichen Kogge.

Eine lange, schmale Landgangsbrücke führt ihn hinauf an Bord. Die Wachsoldaten und Seeleute nicken ihm freundlich zu: „Guten Abend, Vater. Links unter dem Mast hindurch und dann geradeaus."

Der Umtrunk ist bereits in vollem Gange. Weißes Brot und roter Wein stehen für jedermann auf einem Kartentisch bereit. Die Königin unterhält sich gerade mit Skarpenberg und den Bürgermeistern Agtrup und Jul. Das Einzige, was jetzt nicht geschehen darf, ist, dass Bischof Skondelev einem falschen unbekannten Abt begegnet. Aber der Bischof hat anscheinend dem Weine schon reichlich zugesprochen. Er sitzt in einer Ecke der Königskajüte und spricht mit schwerer Zunge mit dem Kapitän des Schiffes.

Jetzt deshalb ist die Zeit gekommen. Jahan Mahrt nimmt den Zinnpokal, füllt ihn mit Rotwein, legt die Kugel aus dem weißen Pulver hinein und wartet noch kurze Zeit. Dann tritt er vor Margrethe: „Gestattet mir, Euch diesen alten Kelch aus dem Bestande unseres Klosters als Dank und Huldigung zum Abschied zu verehren. Mit rotem Wein gefüllt möge er machen, dass Euch Eure letzten Stunden in Flensburg in immer guter Erinnerung bleiben werden. Auf Euer Wohl, Königin."

Margrethe tritt – erstaunt und zugleich gerührt – auf ihn zu, nimmt den Pokal und trinkt. „Ich dank Euch, frommer Vater. Ich trinke auch auf Euer Wohl und auf das Wohl der Stadt."

Das war der zweite – wohl ihr letzter – Schluck, denkt Jahan Mahrt und tritt zurück: „Ich muss nun leider gehen. Die Abendmesse, Ihr versteht." Er verbeugt sich und verlässt die Kajüte. Unter dem Mast vorbei an den Seeleuten und Wachen. Die lange schmale Holzbrücke hinab, bis er wieder am Hafenufer steht.

Das war merkwürdig, denkt Peter Agtrup. Der Abt war heute so ganz anders. Auch seine Sprache schien gestelzter, als man es sonst von ihm gewöhnt.

Er verabschiedet sich und folgt in Hast dem Abt von Bord, wird seiner angesichtig am Hafenufer und geht bald

Auf Euer Wohl, Königin Margrethe.

neben ihm einher: „Ein guter Einfall, das mit dem Pokal, Vater Simplicius. Die Königin war dankbar und erfreut; doch sagt mir ..." Er sieht einen Menschen hinter einem Kran liegen – den Abt der Franziskaner – Merbot Simplicius.

„Und wer seid Ihr?" Er reißt dem neben ihm Stehenden die Kapuze vom Kopf und erkennt Jahan Mahrt: „Verräter! Ich dachte mir, man hätte Euch gehenkt mit all dem anderen Gesindel, das Mord und Krieg und Plünderung gebracht und unser Flensburg Räubern an das Messer liefert! Was wolltet Ihr auf jenem Schiff bei unserer Herrin? Was brachtet Ihr für einen Kelch, und was habt Ihr darin kredenzt?"

Er stößt Mahrt mit beiden Fäusten ins Wasser. Mahrts Schreie vergehen in einem ertrinkenden Gurgeln.

Der Nachtwächter, der Verdächtiges gehört zu haben meint, eilt herbei. Er sieht den Bürgermeister. Der sagt zu ihm: „Wächter, es ist ein Mann ertrunken. Sag es den Fischern. Und wenn sie seine Leiche finden sollten, so begrabt ihn auf dem Schindanger."

„Mir war, als hörte ich einen Schrei. Fiel er von selbst hinein?"

„Wer sollte ihn gestoßen haben? Jetzt geht nur weiter Eure Runde."

Der Wächter verschwindet mit seiner Laterne gen Ramsherred. Inzwischen ist der Abt wieder zu sich gekommen. „Wo bin ich? Was ist los? Ich wurde überfallen. Wo ist der Pokal? Und wo ist meine Kutte?"

Peter Agtrup legt ihm seinen Umhang um die Schultern und hakt ihn unter: „Kommt, Vater Simplicius. Es ist alles in Ordnung. Der Pokal ist bei der Königin, wie Ihr es wünschtet. Ich zweifle nur, dass er zum Segen sein wird. Doch jetzt werde ich Euch heimbegleiten zu Euren Brüdern, die Euch ein warmes Bad bereiten sollen. Ihr werdet Euch ansonsten noch erkälten."

Es ist der 28. Oktober in der Frühe. Die königlichen Schiffe haben Segel gesetzt. Wenn es von St. Marien acht schlägt,

wollen sie Flensburg verlassen, um in der Ostsee die Lüb-
schen und die Victualienbrüder aufzuspüren, die jahrelang
schon als Seeräuber bis hinauf nach Estland des Meeres
freie Handelswege stören und oftmals reiche Prisen machen.

St. Mariens Bürgermeister Peter Agtrup steht am Ufer,
um das Ablegemanöver zu beobachten. Da kommt Henning Skarpenberg die schmale lange Landungsbrücke hi-
nabgelaufen. Er stürzt auf Agtrup zu: „Schreckliches ist
geschehen. Königin Margrethe ist tot! Man fand ihren ent-
seelten Leib heute Morgen – noch im Bette liegend. Ich habe Boten ausgesandt zu König Erik, um ihm die traurige
Botschaft zu überbringen. Er soll entscheiden, was nun
weiter werden soll."

Peter Agtrup runzelt die Stirn, während er zu Boden
blickt: „Was sagt der Arzt?"

„Der Arzt spricht von Vergiftung."

Agtrup schaut auf und blickt Skarpenberg in die Augen:
„Wohl möglich, Herr. Wer weiß."

Dieser schüttelt den Kopf: „Nein, nein, nicht das. Es war
die Pest. Die Pest war es, dieselbe Pest, die auch des Braun-
schweigers Truppen letztlich wohl zum Rückzug zwang.
Die Pest hat unsere Königin hinweggerafft! Ein solcher
Mensch wie sie kann nicht ermordet werden – und schon
gar nicht in einer solchen Stadt wie dieser!"

„Wie Ihr es sagt, so sei es denn, und die Geschichte wird
es also recht vermelden."

Nachschrift

*Die Geschichte vermeldet es in der Tat so. Wenn es aber
doch so war, wie ich es hier geschildert habe, dann hat
meine Schilderung nicht nur zwei Menschen, sondern
obendrein auch noch der herrschenden Geschichtsauffas-
sung den Garaus gemacht. Das wären dann insgesamt drei
Morde! ... und das alles in unserm lieben alten Flensburg.*

Renate Delfs

Comme il faut

Seine Pfeife war kalt und seine Füße auch.

Eigentlich war er viel zu müde, um noch weiterzulesen. Aber der Gedanke an sein eheliches Schlafzimmer hielt ihn immer noch im Sessel fest.

Er wusste, kaum würde er leise die Tür öffnen, würde Lilo sich zu ihm herumwälzen und mit geschlossenen Augen murmeln „Kommst du nu, Bärchen?" Wenn er sich nebenan die Zähne putzte, würde sie leise rufen „Hast du alles, Bärchen?", und wenn er sich unter seine Bettdecke schob, würde sie zu ihm herüberrollen und flüstern „Ich wärm dich, Bärchen". Wie er das hasste, dies „Bärchen". Seit acht Jahren.

Da sie schon drei Stunden geschlafen hatte, würde sie sehr warm sein und ihren animalischen Mief mit in sein Bett bringen. Dann würde sie seine kalten Beine mit ihren Schenkeln umschlingen, sich an seiner Brust zurechträkeln und noch leise seufzen „Schlaf schön, Bärchen", ehe sie ganz schnell wieder einschlief. Und er würde in ihrer Umklammerung daliegen, verkrampft, und nicht schlafen können.

Er schenkte sich noch einen Schluck Whisky ein.

Er wollte lieber noch hier sitzen bleiben und den Krimi zu Ende lesen. Vielleicht würde sie dann so fest schlafen, dass sie nicht hörte, wenn er ins Schlafzimmer kam.

Auf den Mörder hatte er schon im 2. Kapitel getippt und leider wieder den Fehler gemacht, die letzte Seite zu lesen. Das tat er manchmal – zu seinem eigenen Bedauern. Einerseits ärgerte er sich, dass er sich selbst den Spaß verdarb, aber zum anderen auch, weil es doch als eine gewisse Disziplinlosigkeit anzusehen war, wenn man sich so wenig beherrschen konnte.

Er hatte natürlich wieder Recht gehabt: Es war der Typ aus dem Café, das lag klar zutage, und eigentlich interessierte ihn das Weitere nun gar nicht mehr.

Bertram hatte ein seltsames Verhältnis zu Kriminalromanen. Monatelang las er keinen, und er kam auch gar nicht auf die Idee, sich nach den neuesten Titeln zu erkundigen. Außerdem taten die Buchhändler immer so, als sei es weit unter ihrem Niveau, Kriminalromane zu kennen. Er hatte sich schon mal so verunsichern lassen, dass er gemurmelt hatte: „Ich habe einen Freund, der Krimifan ist, und dem wollte ich zum Geburtstag ...“

Aber dann im Sommer, spätestens in der dritten Urlaubswoche, fand er beim morgendlichen Bummel beim Zeitungskiosk einen, den er noch nicht kannte, und dann konnte es passieren, dass er drei oder vier hintereinander las. Die meisten ließen ihn unbefriedigt – die Verbrecher machten zu viele und zu dumme Fehler, und die Kommissare tappten in jede simple Falle.

Nein, den perfekten Mord, der nicht aufgeklärt werden konnte, den gab es nicht. Den Mord ohne Spuren. Den Mord ohne Motiv. Jedenfalls müsste es so scheinen. Denn das Motiv liegt in der unergründlichen Psyche des Mörders. In seinen unbekannten und unerkannten Reaktionen auf andere Menschen.

Bärchen.

Bestimmt denken alle Leute, dass bei uns eitel Glück und Freude wohnen, dass alles aufs Wunderbarste stimmt. Ich sage „Danke, mein Liebes“ und küsse ihr die Hand. Er hatte oft das Glitzern in den Augen anderer Frauen gesehen: „Oh Gott, so sollte Meiner mal sein ...“

Der Vater hatte den Söhnen das vorgelebt, was er „comme il faut“ nannte. Als kleine Buben hatten sie natürlich nicht verstanden, was er damit meinte. Für sie verband sich dies „Kommilfo“ mit höflichen Verbeugungen und Handküssen. Der Vater hatte die Mama auch „mein Liebes“ genannt, und sie sagte „Lieber“ oder auch „lieber Friedrich“ zu ihm. Lilo sagte „Bärchen“.

„Kommilfo“ bedeutete, dass man sich nicht gehen lassen durfte, nicht im Spaß, nicht wenn man traurig war, nicht im Vergnüglichen, nicht im Herzlichen, und ganz gewiss nicht, wenn einem was gegen den Strich ging. Aber das hatte er als kleiner Junge schon begriffen, Kommilfo hatte keine Macht, wenn man allein war. In seinem Zimmer konnte er heulen vor Wut oder träumen von dem Mädchen aus der fünften Klasse. Und hier in der Stille dieses Abends durfte er sich eingestehen, dass er seine reizende Ehefrau nicht mehr ertragen konnte. Nur wegen Kommilfo machte man alles so weiter wie bisher. Man brachte Blumen mit, man sagte: „Du siehst bezaubernd aus!" – was sie übrigens ja wirklich tat –, und man ließ sie die Wohnung einrichten, Gäste einladen, Reisen planen ...

Er blätterte noch einmal in dem Krimi. Er hatte ja nachdenken wollen über den perfekten Mord. Also mal angenommen, er würde Lilo umbringen. Quatsch. Natürlich könnte er diesem Dummchen niemals etwas antun, und als Ehemann wäre er wahrscheinlich zunächst der Hauptverdächtige. Und wenn er ein Alibi hätte? Und wenn niemand an seiner Rolle als untröstlichem Ehemann zweifeln könnte, weil alle Welt wusste, dass sie das Traumpaar waren?

Widerlich diese Gedanken. Blöde Krimis. Morgen würde er wieder versuchen, mit den angefangenen Essays weiterzukommen. Noch eine Woche Sylt, und dann sieht zu Hause im täglichen Trott alles sowieso anders aus.

Bertram machte die Lampe aus und ging ins Bett.

Zur gleichen Zeit machte auch Elfriede Stange in Flensburg ihre Nachttischlampe aus. Noch hatte sich ihr Weg nicht mit dem Bertram Hoppes gekreuzt ..., und sie wussten gegenseitig nichts voneinander. Das war sicher für beide ein Glück. Elfriede verschränkte die Arme unterm Kopf und starrte in die Dunkelheit. Den ganzen Tag über war sie geschäftig gewesen, hatte eingekauft, Marmelade gekocht und danach ihre Küche wieder auf Hochglanz gebracht. Aber jetzt lag sie da und war sich klar darüber, dass dies wieder ein sinnloser Tag gewesen war. Für wen kochte sie denn zum Beispiel die Marmelade? Früher hatte Ludwig sie so sehr gern zum Frühstück gegessen, aber auch die kostbarste Himbeerkonfitüre – kalt gerührt – hatte ihn nicht halten können. Jetzt aß er eben lieber gekaufte. Sicher stellte die dumme Gans das schmierige Glas ohne Unter-satz auf den Frühstückstisch, und Ludwig würde Elfis hübsche Kristallschälchen nicht mal entbehren. Wahr-scheinlich lagen sie jetzt im Bett, und die dumme Gans hat-te nichts an. Das finden die jungen Dinger heutzutage ja to-tal in Ordnung.

Ob Ludwig sich wohl manchmal an Elfies schöne Nachthemden erinnerte, zum Beispiel an das, was sie jetzt anhatte? Die Rüschen am Nachthemd, die selbst gemachte Marmelade, die gepflegte Wohnung mit all den hübschen Handarbeiten – das alles hatte ihn nicht festhalten können. „Das lass ich dir ja alles", hatte er mit einem recht vergnüg-ten Lachen gesagt. Und dann war er gegangen, zuerst heimlich und nach drei Monaten ganz. Vielleicht hätte sie es nie gemerkt, wenn nicht Ruth gemeint hätte, es sei ihre Pflicht als ‚beste Freundin', ihr klaren Wein einzuschen-ken.

„Schätzchen, sag bloß, du bist immer noch ahnungslos! Hör doch auf, nur in deinem Paradiesgärtlein herumzu-spazieren! Außerhalb der Mauer geht es ziemlich flott zu, und dein lieber Mann ist kein Schäfchen, das du ein Leben lang am Halsband führen kannst!"

Elfriede erinnerte sich genau, wie sie den ganzen Vor-mittag dagesessen – mit dem Staubtuch in der Hand – und versucht hatte, sich über das Unfassbare klar zu werden. Wie sie plötzlich viele kleine Begebenheiten der letzten Zeit in einem ganz anderen Licht sah, wie sie Steinchen um Steinchen zusammengesetzt hatte zu einem schrecklichen Mosaik.

Sie war sicher, dass er zurückkommen würde, sie musste nur Geduld haben. Das hatte auch ihr Schwager Hans ge-sagt. „Der kommt zurück, mein Deern, ich kenn doch mei-nen Bruder!"

Und nun kam der schönere Teil von ihren allabendli-chen Gedankenketten. Sie malte sich aus, wie es sein wür-de. Es gab da mehrere Spielarten. Mal war sie ganz die Überraschte: „Oh! Hallo, Ludwig! Also mit allem hätte ich gerechnet, als es klingelte, aber nicht mit dir!" Mal die treu Wartende, von der es in der Literatur ja auch eine ganze Menge gab. Sie würde ihm weit die Tür öffnen, die Arme ausbreiten und leise sagen: „Nun bist du wieder daheim, Ludwig." Oder sollte sie ablehnend sein und ihn erstmal ordentlich zappeln lassen? Sie fand an jeder Variation so viel Reizvolles, dass sie eine ganze Weile damit beschäftigt war, sich bis ins Detail seine Rückkehr auszumalen.

Wenn es bloß bis zu diesem Tage X nicht so langweilig wäre! Was sollte sie jeden Tag tun? Sie hatte zwar den kleinen Wagen behalten, aber es machte gar keinen Spaß, allein irgendwo hinzufahren. Wenn sie doch jedenfalls auch einen Partner hätte oder einen Lebensgefährten, wie man das heute nennt. Vielleicht könnte sie Ludwig auch damit eifersüchtig machen, und er würde ganz schnell wieder zu ihr zurückkommen. Vielleicht sollte sie eine Annonce aufgeben, damit würde sie anonym bleiben und doch zu gar nichts verpflichtet sein. Als Elfriede eingeschlafen war, hatte sie zum ersten Mal seit Wochen ein kleines Lächeln um den Mund.

Anfang April saß Bertram im Zug von Neumünster nach Flensburg. Er war auf dem Wege zu einem Rendezvous. Alles war sorgfältig vorbereitet, die Türen für einen möglichen Rückzug waren offen gelassen. Er kannte aus unzähligen Krimis die häufigsten Fehler, die gemacht werden. Also – das Auto war in Neumünster stehen geblieben, und er wusste, dass in der so genannten „Regionalschnellbahn" fast nie ein Schaffner auftauchen würde. Die paar Plätze in der 1. Klasse waren zu dieser Tageszeit meist unbesetzt, sodass sich später wahrscheinlich niemand an ihn erinnern würde.

Beim letzten Aufenthalt in ihrem Kampener Haus hatte er per Zufall eine Zeitungsannonce gefunden: „SIE, Mitte 40, 172 cm, blond, schlank, sucht gebildeten, kultivierten, humorvollen Partner, nicht über 50 J. Raum FL, SL, NF. Zuschr. unter ..." Und sein nervöses, schuldbeladenes Ich hatte ihm plötzlich eingeredet, dass hier die Lösung zu fin-

Er würde zufällig in Flensburg sein,
man könnte sich ja treffen...

den sein könnte. Diese SIE sollte stellvertretend seine Hände um den Hals spüren. An ihr würde er Rache nehmen für all die „Bärchen", für die hellblauen Seidenkissen, für die Umklammerung, für die quälenden Gedanken. Und er würde endlich fühlen, wie es ist, wenn man sich befreit. Das Kälbchen brauchte nicht zu leiden, aber es würde auch keine Macht mehr haben über ihn und seine schlimmen Gedanken.

An die angegebene Chiffre-Nummer in der Zeitung hatte er zweimal geschrieben. Einmal sein Interesse bekundet und sich langatmig vorgestellt, hatte gebildet, kultiviert und humorvoll über sich Auskunft gegeben, natürlich mit erfundenem Namen und erfundenen Angaben über Beruf und Wohnsitz. Dann hatte er vor ein paar Tagen noch einmal von sich hören lassen: Er hatte der Dame mitgeteilt, dass er zufällig am 6. April in Flensburg sein würde, und wenn sie Lust hätte, könnte man sich ja treffen. In einem Café am Südermarkt, an das er sich von einem kurzen Aufenthalt in Flensburg noch erinnerte. Als Kennzeichen sollten sie beide einen „Spiegel" bei sich haben.

Und dies waren seine offen gelassenen Türen: wenn diese zweite Nachricht sie nicht erreichen oder wenn ein anderer Interessent ihm zuvorgekommen wäre, brauchte gar nichts stattzufinden. Nichts würde passieren, er könnte sich ohne Aufhebens zurückziehen. Das wollte er dann sozusagen als Gottesurteil annehmen.

„Du musst auch mit unklaren Situationen fertig werden, mein Junge, lernen, das Schicksal walten zu lassen. Und dabei: Haltung – *comme il faut*!", würde sein Alter sagen. Bertram erlaubte sich ein unhörbares Kichern. Der sollte wissen, dass sein Sohn sich möglicherweise auf dem Weg zu einem Mord befand. Aber immerhin würde es ein Mord sein *comme il faut*, ein Mord ohne Motiv und ohne Spuren.

Die letzten Wochen waren für Bertram qualvoll gewesen. Weniger denn je konnte er Lilos Kleinmädchengewäsch ertragen. Und weniger denn je fühlte er sich wohl in seiner nervösen, ungerechten Aggressivität. Herrgott, sie tat ihm doch nichts! Sie war so arglos, so heiter, aber auch so entsetzlich fürsorglich und so entsetzlich dummerhaftig. Er glaubte es nicht mehr ertragen zu können, wenn sie „Bärchen" zu ihm sagte, und er glaubte Stacheln auf seiner Haut zu haben, wenn sie sich an ihn schmiegte. Er wusste noch genau, wann er das erste Mal zu seinem eigenen Entsetzen diese verrückte Lust verspürt hatte, ihr die Hände um den Hals zu legen.

Er war vertieft gewesen in ein schwieriges Protokoll. Schon zum zweiten Mal hatte er es durchgelesen und immer noch nicht verstanden. Er konnte sich in letzter Zeit so schwer konzentrieren. Sie hatte in einer ihrer zahlreichen Frauenzeitschriften geblättert und immer, wenn er gerade meinte, einen Zugang zu den komplizierten Formulierungen zu finden, hatte sie ausgerufen: „Oh, kuck mal, Bärchen, sind das nicht tolle Vorhangstoffe?" Und dann auf einmal ihr hysterischer Schrei: „Oh, Bärchen, meine Kette!" Er war aufgesprungen, um ihr zu helfen, die Perlen wieder zusammenzusuchen – *comme il faut*. Ihr Hals war seinen Händen so nah gewesen – aber dann hatte er ihr einen Kuss auf den Nacken gegeben und sich zutiefst gehasst wegen seiner mörderischen Gedanken.

Den Höhepunkt seiner Hysterie hatte er neulich auf einem Waldspaziergang erlebt, als er meinte, einen Arm aus einem Laubhügel herausragen zu sehen. „Ich hab es getan! Ich hab es getan!", schrie es in ihm, und er musste allen Mut zusammennehmen, um näher zu treten. Natürlich war es nur ein Ast gewesen, aber dennoch musste er sich einen Augenblick hinsetzen, bis sein Herz wieder ruhiger klopfte.

Er fand, dass er so nicht weiterleben wollte. Seine innere Unruhe hatte mehr und mehr von ihm Besitz ergriffen. Er wusste, dass er unkonzentriert war, und mehr als einmal hatte er gemerkt, dass sein ältester Bruder ihn musterte – in einer Mischung aus Verachtung und Sorge. Und als er neulich bei ihrem Gespräch über die Fusion mit Stührmann & Willers wieder mit seinen Gedanken woanders war, hatte Clemens ihn gefragt: „Sag mal, was machst du eigentlich immer mit deinen Händen? Kannst du die nicht ruhig halten?"

Nein, so sollte es nicht bleiben, und er wusste, dass er erst Ruhe finden würde, wenn diese Stellvertreterin ihn befreit hätte.

Elfriede Stange saß im Café Maass, hatte den „Spiegel" neben sich liegen und zwang sich, unbeteiligt darin zu blättern, ohne jeden Eintretenden voll Spannung zu mustern. Der Brief von diesem Herrn Fackler aus Lübeck war so reizend gewesen, dass sie sich nun auf heute Nachmittag richtig freute. Es brauchte ja nichts draus zu werden, aber man konnte sich doch nett unterhalten und nachher ein Stündchen zu ihr gehen ...

„Entschuldigen Sie bitte, mein Name ist Wolfgang Fackler, kann es sein, dass wir verabredet sind?"

Ihr Schreck war größer als sie vermutet hatte. Sie hatte so überlegen und gelassen sein wollen, und nun spürte sie, dass ihre Hände zitterten und ihr Herz sehr viel schneller schlug. Der Mann, der vor ihr stand, sich leicht verbeugt hatte und offensichtlich auf ihre Antwort wartete, sah Ludwig so ähnlich, dass sie im ersten Moment dachte, ihr Mann stünde vor ihr. Sie starrte den Fremden mit offenem Mund an und dachte gleichzeitig: „Ich sehe wahrscheinlich furchtbar dämlich aus."

Bertram hatte den Schrecken in ihren Augen sofort bemerkt. Was war los? Hatte er eine Ausstrahlung, die dieser Frau Unheil signalisierte und sie vor ihm warnte? Aber dann merkte er, dass sie ihr Gesicht ganz schnell wieder in der Gewalt hatte, und sie sagte mit einem leisen, sympathischen Lachen: „Ja, das kann durchaus sein. Entschuldigen Sie meine kurze Verwirrung, aber Sie sehen jemandem, den ich nicht unbedingt hier vermutete und den ich hier auch nicht treffen möchte, so wahnsinnig ähnlich, dass es mir für einen Moment die Sprache verschlug."

Bertram fühlte sich leicht und heiter. Keine gefährliche Ausstrahlung also, stattdessen eine ganz nett aussehende Frau und ein Abenteuer, dessen Ausgang absolut noch nicht feststand.

„Darf ich mich zu Ihnen setzen?"

Und dann gab es einen ausgezeichneten Kuchen, einen

starken Kaffee und ein harmloses, aber nicht gar zu albernes Gespräch.

„Waren Sie schon einmal in Flensburg?"

„Nein, nur mal kurz auf der Durchreise."

Er erfuhr, dass sie erst seit zwei Jahren hier lebte, dass sie die Stadt mochte und sich hier ausgesprochen wohl fühlte. Er erfuhr, dass sie aus Heilbronn stammte, dass sie hier noch nicht sehr viele Leute kannte, dass sie von ihrem Mann getrennt lebte, dass der irgendwas bei der Marine war, und dann erfuhr er schließlich auch, dass dieser Ehemann es war, dem er zum Erschrecken ähnlich sehen sollte. Er erfuhr, dass sie von Beruf Lehrerin gewesen war, dass sie gerne wieder tätig sein würde, aber dass das ja heutzutage gar nicht leicht sei, vor allem, wenn man über 40 wäre.

Er sagte natürlich, dass man ihr das aber gar nicht ansehen könnte, er war ganz der aufmerksame, höfliche Zuhörer – *comme il faut*. Er verstand es geschickt, nicht allzu viel über sich selbst erzählen zu müssen, und das war auch gar nicht nötig. Sie war so glücklich, endlich mal jemanden neben sich zu haben, der ihr zuhörte, und seine guten Manieren taten ihr wohl wie ein warmes Bad nach einem Winterspaziergang bei kaltem Ostwind. Irgendwann beschlossen sie aufzubrechen, er hatte ihr gesagt, dass er gegen Abend wieder zurückfahren müsste. Sie wollten bei ihr noch einen kleinen Drink nehmen. Ihre Wohnung am Burgfried sollte leicht zu Fuß erreichbar sein, und sie meinte, er müsse doch auch ein bisschen von Flensburg zu sehen bekommen.

„Was für ein schöner Straßenname, gnädige Frau", hatte er lachend gesagt, „ich könnte Sie mir gut als verlassene Frau eines Kreuzritters vorstellen – und während sie auf ihrem Burgfried wartet, kommt auf einmal ein anderer." Sie hatte neckisch gelacht, ein bisschen zu neckisch, fand er.

Im Hinausgehen hatte eine Dame ihr zugewinkt, aber sie war gerade so sehr damit beschäftigt, ihm die vielen Schwierigkeiten bei ihrem letzten Umzug aus Wilhelmshaven zu schildern, dass sie nur ein wenig flüchtig zurückgrüßte.

Diese Dame war eine Kollegenfrau, die später aussagen würde, sie habe Frau Stange in Begleitung eines Herrn im Café Maass gesehen. „Wissen Sie, Herr Kommissar", hatte sie gesagt, „meine Brille war mir am Morgen kaputtgegangen, die hatte ich nebenan beim Optiker abgegeben, und deshalb war ich ja auch bei Maass, um auf meine Brille zu warten. Ich dachte, wenn ich das gleich erledige, dann kann ich drauf warten und brauche nicht nochmal in die Stadt ..." „Sie haben also Frau Stange mit Sicherheit erkannt?", unterbrach sie der Beamte. „Aber wenn ich es Ihnen doch sage! Der Herr, mit dem sie dort war, war ihr Mann, das heißt, ich habe es gedacht, er sah ihm sehr ähnlich, aber ich hatte ja meine Brille nicht dabei, und ich wollte auch nicht so genau hinsehen, denn es wird ja allerhand gemunkelt über die Ehe der Stanges.

Er soll sie ja einer sehr viel Jüngeren wegen verlassen haben. Und es hätte ja sein können, dass sie sich gerade getroffen hatten, um sich wieder auszusöhnen, da stört man nicht gerne. Wie ich ja nun weiß, kann es Herr Stange nicht gewesen sein, aber damals hätte ich wetten mögen, dass er es war. Diese Ähnlichkeit! Und wie gesagt, ich hatte ja an dem Tag meine Brille nebenan beim Optiker ..."

Elfriede Stange und ihr Begleiter bummelten über den Holm, durch die Große Straße, machten einen kleinen Abstecher durch den Hof der Brasserie zur Schiffbrücke und stiegen eine ziemlich steile Straße hinauf zum Burgfried. Alles, was er sah, gefiel Bertram sehr gut, und er dachte: „Eigentlich schade ..."

Sie erbot sich, ihm noch vom Schlosswall aus einen sehr schönen Blick über Stadt und Hafen zu bieten, aber er wollte sich lieber nicht mehr allzu lange aufhalten. Er spürte, dass er schon bald nicht mehr der Entscheidung ausweichen konnte. Vor der Entscheidung, ob er seinen Plan ausführen sollte oder nicht. Ob er den Mut aufbringen würde, sich zu befreien oder nicht.

Er fühlte eine leichte Unruhe im Bauch, er kannte diesen nervösen Herzschlag. Das war immer so gewesen, wenn er

Mut zeigen musste. Auf dem 10-Meter-Brett zum Beispiel. Sein Vater hatte hinter ihm gestanden. „Sei ein Mann, Bertram, du wirst deine Angst erst los, wenn du sie überwunden hast: Zeig mir, dass du Mut hast. Comme il faut." Ihm war so schlecht gewesen, aber sein Vater hatte ihm kein Zurück gestattet.

Jetzt war ihm wieder schlecht, obwohl er wusste, dass er ohne weiteres zurückfahren konnte. „Nein, vielleicht ein andermal", sagte er. Er könne sich leider nicht mehr allzu viel Zeit nehmen – wie wahr! – ein Drink noch bei ihr und dann, dann würde er, dann müsste er ... Sie merkte in ihrer fröhlichen Ahnungslosigkeit nichts von der Unruhe, die sich seiner bemächtigt hatte, und von der etwas zögernd und undeutlich gemurmelten Antwort.

Ihre Wohnung war so, wie er sie sich vorgestellt hatte, ein bisschen spießig, ein bisschen unsicher im Geschmack, ein bisschen von „Hübscher Wohnen" geprägt wie bei Lilo, nur in einer etwas anderen Preiskategorie.

„Was möchten Sie trinken, Herr Fackler – oder darf ich Wolfgang sagen?", fügte sie mit einem schelmischen Lächeln hinzu.

„Ja, gewiss, selbstverständlich, freut mich sehr ...", brachte er mit großer Anstrengung hervor ... „Um Gotteswillen – was mach ich hier eigentlich?", schoss es ihm durch den Kopf. Sie hielt die Tür eines Schrankes einladend offen, und der Blick auf eine Flasche Gammel Dansk gab ihm seine Fassung wieder. „Gammel Dansk", sagte er lachend, „haben Sie auch Amaretto? Sie werden sich wundern wegen dieser Kombination, aber mein Vater verlangte von uns Jungens, dass wir diese merkwürdige Mischung trinken sollten, ohne mit der Wimper zu zucken. ‚Ihr kommt vielleicht in Situationen, wo ihr was angeboten kriegt, das euch fremd ist, und dann dürft ihr euch nicht anmerken lassen, ob es euch schmeckt oder nicht. Dankend anstoßen damit und runter – comme il faut!' Das war eine seiner ständigen Redensarten. *Comme il faut* – wie es sich gehört – er war noch von der ganz alten Schule, wissen Sie."

112

Der Gedanke an seinen Vater hatte ihm etwas Luft verschafft. Vielleicht wäre es ja schon Mut genug, dieses Gesöff zu trinken, vielleicht brauchte er mehr ja gar nicht zu tun ... „Wie albern, seine Kinder so zu erziehen", sagte sie.

Wie kam sie dazu, so über seinen Vater zu sprechen? Bertram wollte auf einmal nicht mehr hier sein. Nicht mehr bei dieser Frau, die ‚Wolfgang' zu ihm sagen wollte, die hellblaue Seidenkissen auf dem Sofa liegen hatte und die sich erlaubte, seinen Vater albern zu finden. Er stellte sein Glas hart auf den Tisch, dass etwas von dem Getränk überschwappte.

„Ich muss jetzt gehen."

„Wolfgang, wir haben ja noch gar nicht getrunken!", und sie nahm einen Schluck. „Igitt, das schmeckt ja wirklich scheußlich! Kommen Sie, ich mache eine Flusch auf."

Flusch – dieses alberne Wort brauchte Lilo auch für die halben Sektflaschen. Sie beugte sich zum unteren Bord des Schrankes und blieb mit ihrer Kette am Schrankschlüssel hängen.

„Oh Gott, meine Kette!"

Das hätte sie nicht sagen dürfen.

Bertram hatte noch einige Wochen den Fortgang der Untersuchungen verfolgt. In der Buchhandlung am Hauptbahnhof gab es auch eine Flensburger Zeitung. Der Ehemann hatte sie am 8. April gefunden. Sein Alibi war unerschütterlich, weil er bis zum 8. morgens an Bord eines Schiffes der Marine auf der Ostsee zu tun gehabt hatte. Niemand hatte etwas gesehen oder gehört, die Einzige, die Elfriede Stange am wahrscheinlichen Tage ihres Todes gesehen hatte, war die Kollegenfrau gewesen.

Nach einiger Zeit war es still geworden um dieses schreckliche, unerklärliche Ereignis.

Bertram fand seine Gelassenheit wieder. Mit der Zeit war es so, als würden zerfetzte Nervenstränge in seinem Innern wieder zusammenwachsen. Nun würde niemand von ihm jemals wieder eine so schwere Mutprobe verlangen. Er wirkte etwas stiller, aber dafür nicht mehr so zerfahren wie im Frühjahr, und seine Konzentration hatte zur Freude seines Bruders wieder die alte Spannkraft. Einige Wochen lang hatte er unter ziemlich fadenscheinigen Gründen alle gesellschaftlichen Verpflichtungen abgesagt und auch keine Lust verspürt, selbst Gäste zu haben. Jetzt aber nahmen Lilo und er wieder Einladungen an und machten auch Reisepläne.

Bei einer Geburtstagsparty im Hause des Bruders von Lilo lernte er einen sehr sympathischen Mann kennen, der aus Flensburg gekommen war. Wenn er auch in der ersten Zeit bei dem Namen dieser Stadt immer etwas wie einen elektrischen Schlag verspürt hatte, so konnte er jetzt ohne innere Unruhe ertragen, dass neben ihm jemand aus Flensburg saß. Und er konnte sogar ein bisschen über den Hafen und die schönen Höfe plaudern, und Lilos Frage „Wann warst du denn in Flensburg, Bärchen?" konnte er geflissentlich überhören, weil sein Schwager gerade alle Gäste nach ihren Getränkewünschen fragte.

Der Herr Schneider neben ihm bat um ein Flensburger Bier, und Bertram schloss sich diesem Wunsche an.

„Bärchen, früher trankst du doch immer diese ekelhafte Mischung, über die wir alle so gelacht haben? Gammel Dansk und Amaretto, sowas Scheußliches, das könnt ihr euch gar nicht vorstellen! Das mussten sie als Jungs zu Hause trinken, was weiß ich, warum. Und zuletzt hatte Bertram sich so daran gewöhnt, dass es ihm richtig schmeckte, nicht Bärchen?"

Hauptkommissar Walter Schneider steckte beide Hände tief in die Taschen seines Mantels, als er auf dem Weg in sein Hotel war. Ihm war an diesem Abend klar geworden, dass er die Sache mit dem Mord an Elfriede Stange zu Hause an seinem Schreibtisch noch einmal überdenken musste. Da waren doch Spuren von dieser seltsamen Mixtur Gammel Dansk-Amaretto auf dem Tisch gewesen. Und ein Foto von Ludwig Stange musste er auch vergleichen. Sowie er wieder in Flensburg sein würde ...

Elisabeth Manno

Tante Margaretes Geheimnis

Als meine Großtante Margarete ins Altersheim nach Harrislee zog und mir als ihrer Haupterbin schon mal zu Lebzeiten ihr reizendes Häuschen in der St. Jürgenstraße vermachte, ahnte ich noch nicht, welch haarsträubende Entdeckung ich dank meiner handwerklichen Fähigkeiten in Kürze machen würde. Obwohl – nachdem der erste Schock abgeklungen war, schien mir die Angelegenheit gar nicht mehr ganz so abwegig. Vor allem wenn man den Charakter und die Lebensweise meiner lieben Großtante in Betracht zog.

Auf den ersten Blick war meine Tante Margarete eine reizende alte Dame mit gepflegten weißen Löckchen, die in ihrem Häuschen mit ihren Freundinnen Tee trank, den Blick auf die Förde genoss und in vermutlich angenehmen Erinnerungen schwelgte. Sie war in jungen Jahren Witwe geworden und konnte sich fortan dank des von ihrem Mann geerbten beträchtlichen Vermögens eines sorgenfreien Lebens erfreuen. Da sie auch noch eine außergewöhnlich schöne Frau war, wunderten sich alle, dass sie nie wieder heiratete, denn an Verehrern fehlte es ihr bis ins Alter nie. Und genau das war der Punkt ...

Wenn ich als Kind und später als Teenager unbeachtet in einer Ecke saß, in ein Buch vertieft und scheinbar völlig weggetreten, und mit höchster Aufmerksamkeit den diversen hinter vorgehaltener Hand geführten Gesprächen lauschte, trug ich, von den Erwachsenen unbemerkt, Steinchen für Steinchen ein Mosaik zusammen, das für mich ein faszinierendes Bild einer hochinteressanten Persönlichkeit ergab. Tante Margarete war all das, was ich gerne sein wollte, mich aber nicht traute. Sie scherte sich nicht um die Meinung anderer, und gerade deshalb bekam sie immer alles, was sie wollte, Liebhaber, Abenteuer – und den geballten Neid der Frauen in ihrer Umgebung.

Die Bewunderung, die ich für diese schillernde Persönlichkeit entwickelte, führte dazu, dass ich bald zum ständigen Gast in der St. Jürgenstraße wurde. Tante Margarete wurde zur Vertrauten meiner Jugendjahre. Wer sonst in meiner Umgebung hätte solch ein Ausmaß an Erfahrung in Herzensangelegenheiten zu bieten gehabt! Nie hat sie mich verpfiffen, egal, was ich ihr anvertraute. Jedenfalls fasste auch meine Tante eine ganz besondere Zuneigung zu mir, und da sie keine eigenen Nachkommen hatte, setzte sie mich schließlich zu ihrer Erbin ein. Alles ging immer gut zwischen uns – bis zu dem Moment, als ich einen Blick hinter die Kulissen warf.

Das Häuschen überschrieb sie mir zu meinem 25. Geburtstag. Ich durfte damit machen, was ich wollte, und es nach meinen eigenen Vorstellungen renovieren. Ganz oben unterm Dach war ein sehr ansprechender Raum mit einem wunderschönen Blick auf das Wasser und die Schiffe, die im Flensburger Hafen vor sich hindümpelten. Tante Margarete hatte diesen Raum nicht benutzt, allenfalls als Rumpelkammer. Aber ich hatte vor, dort oben ein besonders lauschiges Sitzplätzchen einzurichten. Zuerst musste ich allerdings entrümpeln. Links und rechts vom Giebelfenster war ein Teil des Raumes durch Holzverkleidungen abgetrennt. Auf der rechten Seite war ein Türchen. Als ich es öffnete, fand ich eine Menge Stauraum, vollgestellt mit Krimskrams, Koffern, Truhen und so weiter. Auf der linken Seite war aus Gründen der Symmetrie ein ebensolcher Raum abgetrennt, allerdings ohne Öffnung. Wie seltsam! Aber was noch nicht ist, kann ja noch werden, dachte ich und fing an, die Bretter abzureißen, bis eine Öffnung entstand, die groß genug war, um hinter die Verkleidung zu leuchten. Na wunderbar, auf dieser Seite war alles leer bis auf einen großen Koffer. Ich kroch, getrieben von unbezwingbarer Neugier, auf diesen Koffer zu, öffnete ihn und sah hinein. Da stierte mich aus dem Halbdunkel das blanke Entsetzen an.

Die nächsten Minuten sind total aus meinem Gedächtnis getilgt. Vermutlich habe ich laut gekreischt, aber an einem heißen Augustnachmittag wie diesem ist in dieser Straße kein Mensch zu Hause, alle sind sie am Strand von Solitüde, keiner da, der mir helfen konnte. Wie ich wieder aus diesem Loch heraus und die Treppe hinuntergekommen bin, weiß ich nicht. Ich kam erst wieder zu mir, als ich einen doppelten Cognac vor mir hatte. Mein erster Impuls war: du musst zur Polizei gehen. Aber dann dachte ich: Erstmal sehn, was Tante Margarete dazu meint.

Wir saßen auf ihrem Balkon in Harrislee in der warmen Augustsonne, tranken zusammen Tee, und mir schien alles auf einmal so unwirklich. Wie konnte ich dieser netten alten Dame erzählen, dass auf ihrem Dachboden ein Gerippe in einem Überseekoffer vor sich hinmoderte? Das musste sie ja völlig umhauen. Wie sollte ich bloß anfangen?

Mit Smalltalk: „Tante Margarete, manche Leute haben ja wohl eine Leiche im Keller, aber du, du hast eine auf dem Dachboden." Oder streng: „Liebe Tante, wie kommt ein Koffer voller Knochen auf deinen Dachboden?" Oder ganz beiläufig: „Ich will ja nicht übertrieben neugierig sein, aber wer ist eigentlich die Leiche, die du mir so ganz einfach mitvererbt hast?"

Irgendwie brachte ich ihr die Neuigkeit, die für sie ja möglicherweise gar keine war, schonend bei. Sie wurde ein bisschen blass unter ihrem gepflegten Make-up, dann sagte sie: „Ach Kindchen, das tut mir ja so Leid. Das hatte ich schon fast vergessen, so lange ist das alles nun her. Wie hast du den Koffer überhaupt aufgekriegt? Den hatte ich doch fest verschlossen und den Schlüssel in die Förde geworfen."

„Die Schlösser waren völlig durchgerostet."

„Natürlich, nach 50 Jahren in diesem feuchten Klima! – Nun ist er also doch nochmal aufgetaucht, der arme Theodor, und schon wieder macht er Probleme, genau wie beim letzten Mal."

Und dann erfuhr ich allmählich die ganze Geschichte, die sich an einem schönen warmen Sommertag, so ähnlich wie heute, abgespielt hatte. Theodor, also mein Großonkel Theodor, den ich heute Nachmittag in einem allerdings stark reduzierten Zustand kennen gelernt hatte, war an jenem Augustnachmittag in seinem Geschäft in der Stadt bei der Arbeit, und Margarete, in einem Anfall von Tatendrang, machte sich daran, auf dem Dachboden Ordnung zu schaffen. Theodor hatte angefangen, den Raum unter dem Dach auszubauen, da er sich gerne darin aufhielt. Margarete wollte ihm eine Freude machen, indem sie mit ordnender Hand in das Chaos aus Büchern, Papieren, Briefen und so weiter eingriff, das sich als Zeichen seines beruflichen Eifers auf dem Schreibtisch ausbreitete, den er sich schon mal nach oben gestellt hatte. Wie würde ihr lieber Mann sich freuen, dass sie ihm sein Refugium ein bisschen nett machte! Sie hatte auch schon eine Vase mit einem üppigen Strauß aus Rittersporn und Margeriten mit heraufgebracht, den sie nach getaner Arbeit auf den aufgeräumten Schreibtisch stellen wollte. Aber zunächst mal galt es, das Durcheinander zu sichten.

Sie war nicht neugierig, aber einen flüchtigen Blick musste sie schon auf jedes Schriftstück werfen, um nicht Rechnungen, Korrespondenz mit Geschäftspartnern und Theodors persönliche Notizen zu einzelnen Vorgängen durcheinander zu bringen. So arbeitete sie sich durch die Papierberge, sortierte alles fein säuberlich auf verschiedene Stapel, bis sie schließlich ganz unten auf handschriftliche Schriftstücke besonderer Art stieß, die nach mehr als ihrer oberflächlichen Aufmerksamkeit verlangten.

Es handelte sich um eine erkleckliche Anzahl von eng beschriebenen Bogen in blasslila Farbe, von denen ein Duft ausging, der ihr seltsam bekannt vorkam. Alle begannen sie mit „Mein innig geliebter Theodor". Einen Herzschlag lang glaubte Margarete, Briefe aus Theodors Junggesellenzeit gefunden zu haben, und wollte den ganzen Stapel schon beschämt weglegen. Doch dann fiel ihr Blick auf das Datum: 10. August 1946. Und heute war der 15. August 1946! Wer wagte es, ihren vor wenigen Monaten erst angetrauten höchsteigenen Ehemann so anzureden? Empörung wurde zu loderndem Zorn, als sie auf die Unterschrift blickte: „Deine Dir in treuer Liebe verbundene Sophie".

Sophie, ihre Freundin aus glücklichen Kindertagen, die mit ihr die Schulbank gedrückt und alle Geheimnisse ihrer Jugendzeit mit ihr geteilt hatte. Sophie, die Brautjungfer war bei jener glanzvollen Hochzeit, die erst so kurze Zeit zurücklag. Sophie, die seither manchen Abend in Gesellschaft des jungen Paares verbracht hatte, weil sie, Margarete, es so gewollt hatte. Sophie, die immer so schüchtern und gehemmt war und kaum wagte, Theodor auch nur anzusehen. Sophie, die zeitlebens den blassen Hintergrund für die erfolgsgewohnte, temperamentvolle Margarete abgegeben hatte. Sophie, die Schlange.

Zornbebend machte sich Margarete daran, alle Briefe, die sie finden konnte, zu lesen. „Mein Geliebter, wie schwer fällt es mir, Dich mit Margarete zu teilen! ... Ach, könnte sie doch öfter zu ihrer Cousine nach Husum fahren und uns dadurch viele Stunden ungestörter Liebesfreuden schenken! ... Es ist unser Glück, dass Margarete so egozentrisch ist. Nie wird sie auf den Gedanken kommen, Verdacht gegen uns zu schöpfen. ... Wie glücklich war ich, als Du mir sagtest, Du würdest Dich von Margarete trennen. Wie gut, dass die Heimlichkeiten bald ein Ende haben werden."

Obwohl jeder einzelne Brief Margarete einer Ohnmacht näher brachte, behielt sie dennoch genügend Klarblick, um zu erkennen, dass ihre Zukunft als glücklich verheiratete Frau nicht nur in akuter Gefahr, sondern möglicherweise bereits zu Ende war. Wenn es nach den beiden ging, so säße bald schon Sophie in diesem hübschen Häuschen, so würde demnächst Sophie an Theodors Arm am Hafen entlangschlendern und von allem, was Rang und Namen hatte, ehrerbietig gegrüßt werden, so nähme Sophie an dem großen runden Tisch unten den Platz der charmanten Gastgeberin ein, während sie, Margarete, als geschiedene Frau ein kümmerliches Dasein auf dem Abstellgleis des gesellschaftlichen Lebens fristen müsste. Wie konnte Theodor ihr das alles antun! Wieso hatte sie nichts von alldem gemerkt, was sich gegen sie zusammenbraute?

Theodor fand sie, als er gegen Abend nach Hause kam,

in Tränen aufgelöst im Dachzimmer vor. Die blasslila Blätter in ihrer Hand machten ihm augenblicklich klar, was passiert war. Allerdings zeigte er weder Reue, noch machte er einen Versuch, die Tatsachen zu leugnen, was Margarete bis zum Schluss noch gehofft hatte. Er war sogar erleichtert, dass ihm die peinliche Aufgabe, seine Frau über die bevorstehende Scheidung zu unterrichten, nun erspart blieb. Dies gab er auf seine nüchterne, fast schon zynisch wirkende Art sogar zu, während er ganz locker an der Treppe stand.

Erneut flammte die Wut in Margarete auf. Sie packte die Vase mit den Blumen, die sie Theodor als Zeichen ihrer Liebe und Zuneigung auf den Schreibtisch hatte stellen wollen, und schleuderte sie völlig unerwartet dem überraschten Mann an den Kopf. Im Versuch, dem Wurfgeschoss auszuweichen, verlor Theodor das Gleichgewicht und stürzte Hals über Kopf die steile Treppe hinunter. Unten blieb er reglos liegen.

Fassungslos stolperte Margarete hinterher. „Theodor! Theodor!", rief sie immer wieder, aber er hatte endgültig aufgehört, sie zur Kenntnis zu nehmen. Allerdings würde er nun auch nicht Sophie heiraten.

Niemand durfte erfahren, was sich soeben abgespielt hatte. Jeder würde unweigerlich zu dem Schluss kommen, Margarete hätte Theodor in voller Absicht die Treppe hinuntergestoßen, um ihn zu töten. Keiner würde ihr glauben, dass es in Wirklichkeit ein unglückseliger Unfall war. Als Theodors Mörderin konnte sie ihn nicht beerben. Also musste sie eine Möglichkeit finden, als seine ehrenwerte Witwe dazustehen. Dazu durfte man ihn selbstverständlich nicht mit gebrochenem Genick in seinem Haus finden. Um ihn aber aus dem Haus zu schaffen, fehlten ihr die körperlichen Kräfte. Also musste eine andere Möglichkeit gefunden werden.

Theodor hatte sich in seiner Freizeit immer gerne als Heimwerker betätigt. Sein letztes Projekt war der Ausbau des Dachbodens gewesen. Auf einer Seite hatte er die Holzverkleidung schon fertig, auf der anderen Seite fehlte

... du kennst sie. Es ist Sophie Petersen ...

noch die Tür. Und so kam es, dass Theodors Leben mit Margarete nicht vor dem Scheidungsrichter, sondern in einem Überseekoffer unter dem Dach seines Hauses endete, hinter einem Verschlag, der wohlweislich keine Tür hatte, nachdem Margarete die letzten Bretter verarbeitet hatte.

Für Trauer war weder Zeit noch Grund (denn sie hätte Theodor auf jeden Fall verloren). Nun musste erst einmal eine plausible Erklärung für Theodors plötzliches Verschwinden gefunden werden. Man kann gegen meine Tante Margarete sagen, was man will, aber um gute Ideen ist sie nie verlegen.

„Wie hast du es fertig gebracht, ihn für tot erklären zu lassen? Das ist doch gar nicht so einfach ohne Leiche."

„Weißt du, er hatte doch so ein kleines Segelboot. Das hab ich in derselben Nacht auf die Förde rausgesegelt und bin dann an Land geschwommen und zu Fuß nach Hause gelaufen. Zum Glück tobte in jener Nacht ein Gewitter, sodass niemand unterwegs war, der mich hätte sehen können. Am nächsten Morgen bin ich aufgelöst bei der Polizei erschienen und habe gemeldet, dass mein Mann von einer Segeltour nicht zurückgekommen ist. Sie haben dann bei Holnis sein leeres Boot gefunden und angenommen, dass er einen Unfall hatte und ertrunken ist. Ich wurde von allen Seiten nur bedauert und schonungsvoll behandelt.

Als alles geklärt war, bin ich erstmal sehr lange auf Reisen gegangen, um mit meinem herben Verlust fertig zu werden. Vorher hab ich allerdings alle Dachfenster geöffnet. Und warum ich keinen Rittersporn und keine Margeriten leiden kann, wirst du nun auch verstehen."

„Was ist eigentlich aus Sophie geworden? Ist sie denn nicht mit der ganzen Geschichte herausgekommen?"

„Oh nein! Sophie hätte ohne männliche Unterstützung niemals zugegeben, ein Verhältnis mit einem verheirateten Mann gehabt zu haben. Und was aus ihr geworden ist? Eine arme, alte Jungfer ist aus ihr geworden. Wir waren zu Theodors Lebzeiten Freundinnen gewesen, und von meiner Seite gab es keinen offiziellen Grund, diese Freundschaft abzubrechen. Ich ließ mich sogar von ihr in meinem

Kummer und meiner Verzweiflung trösten. Sie hätte sich mal erlauben sollen, kein Mitgefühl mit mir zur Schau zu stellen!

Kurzum, ich hab mich – für die Außenwelt in freundschaftlicher Verbundenheit – an Sophies Fersen geheftet und dadurch volle Kontrolle über ihr Leben behalten. So oft ein Mann sich für Sophie zu interessieren begann, sorgte ich dafür, dass er es sich in kürzester Zeit anders überlegte. Die Vorstellung von Sophie als respektabler Ehefrau gefiel mir seit der Entdeckung auf dem Dachboden ganz und gar nicht. Nach dieser Kränkung hatte Sophie es nicht mehr verdient, ein glückliches Liebesleben zu führen. Außerdem musste sie ja arbeiten, um ihren Lebensunterhalt zu verdienen, und hatte gar nicht die nötige Zeit, sich den diversen Herren – so viele waren es übrigens gar nicht – zu widmen.

Da fällt mir ein, du kennst sie. Es ist Fräulein Sophie Petersen."

Ein Problem lag mir noch auf der Seele. Obwohl der grauenhafte Fund im warmen Sonnenlicht bereits viel von seinem Schrecken verloren hatte, war mir der Gedanke, weiterhin mit einem Skelett unter einem Dach leben zu müssen, äußerst unangenehm. Die eisernen Nerven von Tante Margarete habe ich leider nicht geerbt.

Als Onkel Theodor durch meine jugendliche Empfindlichkeit unvermittelt seiner letzten Ruhestätte verlustig gehen sollte, wusste Tante Margarete allerdings auch wieder Rat. Und so machten wir uns unverzüglich gemeinsam an die Arbeit, Theodor nach 50 Jahren doch noch aus seinem Lieblingszimmer auszuquartieren.

Auszug aus dem Flensburger Tageblatt vom 12. August 1996: „Ein grausiges Erlebnis hatte die Rentnerin Sophie P. aus Flensburg am vergangenen Wochenende. In einem ihr durch die Post zugestellten Paket befanden sich Knochen, die zu einem männlichen Skelett gehören. Die Polizei steht vor einem Rätsel."

Jo Agnes Nickels

Solveigs Rache

„Bitte einsteigen, Türen schließen selbsttätig, Vorsicht bei der Abfahrt!"

Die Türen schlagen zu und reißen sie aus ihrem Dämmerschlaf. SCHLESWIG sieht sie auf einem Schild stehen; in einer halben Stunde wird sie am Ziel sein. Flensburg – 25 Jahre ist es her, seit sie das letzte Mal in dieser Gegend war. Damals ist sie diese Strecke oft gefahren, wenn sie mit zu Marit nach Hause fuhr. Ihre eigenen Eltern waren den ganzen Tag im Geschäft, und Geschwister hatte sie keine. Marits Familie war daher ihr zweites Zuhause.

Doch, es ist eine gute Zeit gewesen, damals, seit Marit und sie auf die Duborg-Skolen gekommen waren, das dänische Gymnasium mitten in Flensburg. Marit und Solveig – sie hingen wie die Kletten aneinander, und wenn Marit doch einmal alleine kam, fragte garantiert jemand: „Wo ist denn Solveig?"

Sie selber liebte ihren Namen. Der ‚Sonnenweg' – eine schönere Bedeutung kann man sich doch kaum denken, und die dänische Aussprache „Solwei" mit dem scharfen „S" machte ihn noch liebenswerter.

Marit und sie wollten beide in Kopenhagen studieren; etwas Wichtiges, was die Menschheit vorwärts bringt. „Meine Güte", fährt es ihr durch den Sinn, „ich glaube, ich würde heute keinen vollständigen Satz auf Dänisch mehr zusammenbekommen."

Sie muss an ihren Mann denken. 15.15 Uhr – jetzt sitzt er in seinem Anwaltsbüro. Als sie ihm heute Morgen mitteilte, dass sie sich kurzfristig entschlossen habe, zur Erholung an die See zu fahren, runzelte er kurz die Stirn. Er fragte nicht, wohin sie wolle und warum sie so spontan wegfahre. Und sie rechnete auch nicht damit, dass er fragen würde.

Wohin, das wusste sie genau – aber warum sie nach 25 Jahren Hals über Kopf an die Stätte ihrer Kindheit fuhr, das konnte sie sich selber nicht erklären. Um Hinrich Martens noch einmal zu sehen? Um in glücklichen Erinnerungen zu schwelgen? Um...? Während sie noch in Gedanken versunken dasitzt, fährt der Zug in den Flensburger Bahnhof ein.

Der Taxifahrer verstaut ihr Gepäck im Kofferraum und fragt dann, wohin er sie bringen dürfe. Ein angenehmes Hotel suche sie, in der Nähe vom St. Jürgen-Viertel; was er ihr da empfehlen könne?

Während der Fahrt vom Bahnhof in die Stadt kommt ihr alles fremd vor. Das Rathaus steht noch am selben Platz, aber das ist doch noch nicht immer so quietsch-orange gewesen! Der ZOB sieht völlig anders aus als früher, das Gebäude und die hässliche Eisen-Betonbrücke zu Hertie fehlen – ach, und Hertie gibt es auch nicht mehr.

Das Taxi hält vor einem neuen, weißen Gebäude, nicht weit vom ZOB entfernt. Nach ihrer Erinnerung hätte hier eine öde Fläche sein müssen, Bauschutt, geparkte Autos. Aber vor ihr steht ein großer Hotelneubau. Ihr Blick wandert weiter. Dort oben sind die Zwillingshäuser, oben auf der Hangkante, und zwischen ihnen beginnt die St.-Jürgen-Treppe. Und dort, neben dem rechten ‚Zwilling‘, da haben sie damals gewohnt. Die Eltern hatten im Erdgeschoss ihren Laden, und im 3. Stock war die große Altbauwohnung, in der sich ständig die weit verzweigte Verwandtschaft ihres Vaters einfand. Hansens gab es wahrhaftig mehr als genug in Flensburg, und der politischen Karriere ihres Vaters als Stadtrat hatte das sicher genutzt.

Sie nimmt ihren Koffer und geht die wenigen Schritte in die Hotellobby. Ohne Schwierigkeiten bekommt sie ein Zimmer mit Hafenblick. Wenn sie noch dieses Formular ausfüllen möge? Mit schwungvoller Schrift trägt sie die gewünschten Daten ein: Andrea Wilczeck, Duisburg.

Das geräumige Zimmer gefällt ihr sofort. Sie kann über den Bahndamm hinweg die Hafenspitze sehen, die Förde mit den Jachten, die Altstadt. Und dort, nicht mehr so genau zu erkennen, liegt eine ganze Reihe großer Segelschiffe. Das muss der Museumshafen sein, von dem in dem Artikel die Rede war. Sie kramt die Zeitung vom Vortag aus ihrer kleinen Reisetasche und schlägt die Bunte Seite auf. Da ist der Artikel über Hinrich Martens, den bekannten Journalisten und Fotografen. Morgen wird er sechzig und geht in den Ruhestand, und das war allen größeren Zeitungen einen Bericht wert. Viele hatten dazu auch das Foto eines kräftigen Mannes mit grauen Haaren und Vollbart abgedruckt, der auf dem Deck eines alten Segelschiffes steht. „Hinrich Martens an Bord seiner ‚Taraxacum‘, die im Museumshafen seiner Heimatstadt Flensburg vor Anker liegt“, steht darunter.

„Taraxacum“ – den Namen fand sie schon damals komisch, als Hinrich das Schiff 1972 als Wrack kaufte. Keiner hatte geglaubt, dass er es jemals wieder seetüchtig bekommen würde; überhaupt hatte ihm keiner viel zugetraut. Alles, was er bis dahin angefangen hatte, waren Fehlschläge gewesen, und nun war er 35 Jahre alt und ein kleines Licht beim Flensburger Tageblatt. Aber Tante Bente war bis über beide Ohren in ihn verliebt. Weihnachten 1972 wollten sie sich verloben und Ostern danach heiraten, und so erschien Hinrich Martens in ihrer Begleitung zu allen möglichen Familientreffen. Er redete ständig von seinem Schiff. Auf dessen merkwürdigen Namen angesprochen, lachte er laut los. ‚Taraxacum‘, erklärte er dann, sei der lateinische Name für den Löwenzahn, und das hätte so gut zu seinem Lebensmotto gepasst: Unkraut vergeht nicht.

Nein, in der Tat, du bist nicht vergangen, sondern bist erblüht, denkt Andrea bitter. Sie sitzt immer noch auf der Bettkante, die Zeitung in der einen Hand, die andere zu einer Faust geballt. Lange sitzt sie so da.

Das Hupen einer Schiffssirene lockt sie ins Freie, an die Hafenspitze. An ihr vorbei sausen Radfahrer und Inline-Skater über das holperige Pflaster, als sie langsam auf das Zollgebäude zugeht. Während der Verkehr an ihr vorbeirauscht, lässt sie ihren Blick über die Häuser auf der anderen Straßenseite wandern. Stattliche Häuser, schön renoviert, rahmen eine breite Fußgängerstraße ein, die auf den Nordermarkt zuführt. Die Tische vor den Cafés sind voll besetzt, und eine Horde Kinder spielt um den großen grauen Brunnen herum, der mitten auf dem Platz steht. Ganz oben erkennt man Neptun mit seinem Dreizack, der auf das gemeine Volk herunterzublicken scheint. Von Tante Bentes Zimmer aus konnte man den Meeresgott genau sehen.

Die Tante wohnte in einem der kleinen Fachwerkhäuser nahe der Kirche. Dort war es auch gewesen, wo ihr Vater eine eindringliche Unterredung mit seiner jüngsten Schwester geführt hatte, von der er erst spät abends erschöpft nach Hause gekommen war. Aber sein Einsatz hatte sich gelohnt; wie immer hatte er seinen Willen durchsetzen können. Bente hatte in seinem Beisein mit Hinrich telefoniert und die Beziehung beendet. Dieser war aus allen Wolken gefallen und hatte schnell herausgefunden, wer der Motor hinter dieser unglückseligen Wendung war.

Wochenlang hatte er versucht, Bente zurückzugewinnen, aber ohne Erfolg. Niemand konnte ihm deshalb verübeln, dass er auf Fritjof Hansen nur noch schlecht zu sprechen war.

Sie selber hatte es so wie die ganze Familie gesehen: Bente würde sich ihre Zukunft verbauen, wenn sie sich an einen Niemand wie Hinrich Martens band.

Sie hatten sich alle geirrt.

Als sie die große Kreuzung überquert, läuft sie automatisch ihren alten Schulweg entlang. Dänische Bibliothek – Marientreppe hoch – rechts abbiegen – und das große, rote Backsteingebäude liegt direkt vor ihr an der Hangkante. Ihre Schule.

Eine Mauer fasst den Schulhof ein, sodass man von außen nicht hineinsehen kann. Das große Hoftor. Die Eingangstür, über der in goldenen Buchstaben „Duborg-Skolen" steht.

Versunken steht sie auf dem Hof, als ein bärtiger Mann sie anspricht, ob sie etwas suche. Fast hätte sie geantwortet „Mich", aber dann gibt sie sich als ehemalige Schülerin zu erkennen. Er sei der Hausmeister und wolle nur sehen, ob alles in Ordnung sei. Wenn sie Montag wiederkäme, könne sie sich auch gerne im Gebäude umsehen. Dankend verabschiedet sie sich, verlässt den Schulhof und geht die steile Kopfsteinpflasterstraße hinunter.

Am Museumshafen herrscht emsiges Treiben. Andrea schlängelt sich zwischen Kindern, Kisten und Körben über den Holzsteg und bleibt hin und wieder stehen, um ein besonders schönes Schiff zu bewundern.

Am Ende des Steges steht ein hohes Holzgestell, dessen Bedeutung ihr nicht klar ist. Ist es ein Wahrzeichen? Oder eine große Leiter? Aber dann wird sie von einer großen, gelben Blüte abgelenkt, die die Spitze eines Zweimasters ziert. Etwas abseits von den anderen Schiffen liegt die „Taraxacum" längsseits am Steg.

Sie ist eins der größten Schiffe, die hier liegen, und man sieht ihr an, dass sie liebevoll renoviert und restauriert worden ist. Unwillkürlich hält Andrea nach Hinrich Martens Ausschau, aber er ist nicht da.

Die Gaststätten und Etablissements entlang der Schiffbrücke erwachen langsam zum Leben, als sie die stark befahrene Straße entlanggeht und das Straßenschild sieht: Oluf-Samson-Gang. Sie bleibt stehen. Sie will sich umdrehen und zurückgehen, auf die andere Straßenseite wechseln, dem Unausweichlichen ausweichen – und geht dann doch mit unsicheren Schritten weiter.

Hier muss er damals gestanden haben, genau an dieser Stelle, als er auf den Auslöser drückte. Das Bild aus der Zeitung hat sich in ihr Gedächtnis gebrannt: Die kleine Gasse mit dem holperigen Kopfsteinpflaster, die niedrigen Häuser. Und vor einer Tür stand ihr Vater und neben ihm eine sehr leicht bekleidete junge Frau, die ihm die Hände auf die Schultern legt.

Ihr Vater hatte manchmal von den Stadtratssitzungen erzählt, und so wusste sie von den Sanierungsplänen der Stadt, bevor sie offiziell verkündet wurden. Sie wusste auch, dass die Prostituierten im Oluf-Samson-Gang dem Stadtrat ein Dorn im Auge waren. Viel lieber sollten gut situierte Flensburger Bürger in den gemütlichen Häusern

Kleine Gasse, holperiges Pflaster: Oluf-Samson-Gang

in bester Lage wohnen. Schon früh hatte es Gespräche gegeben, aber die Frauen hatten sich geweigert, ihre Selbstständigkeit aufzugeben und in ein Bordell umzusiedeln.

„Sie haben es tatsächlich bis heute nicht geschafft, die Frauen zu vertreiben", denkt Andrea, als sie die roten Lampen in den Fenstern wahrnimmt.

Ihr Vater behauptet noch heute, dass er damals nur im Oluf-Samson-Gang gewesen sei, um als Stadtrat Gespräche zu führen. Er habe die Prostituierten dazu bewegen wollen, ihre Häuser aufzugeben, und er habe auch kurz vor dem Erfolg gestanden!

Aber es hatte ihm nichts genützt, niemand glaubte ihm. Ein Bild sagte mehr als tausend Worte.

Dieses Foto war Hinrich Martens' erster wirklicher Erfolg. In großer Aufmachung erschien es am nächsten Tag im Flensburger Tageblatt, und der Skandal war perfekt. Ihr Vater war ein intelligenter Mann, aber zynisch und dabei auch manchmal ungerecht, sodass er nicht einmal in seiner eigenen Partei besonders beliebt war. Manch einer wäre ihn gerne losgeworden, und diese Leute nutzten ihre Chance, erbarmungslos. Und Hinrich Martens machte sich zu ihrem Sprachrohr.

Sie steht noch immer reglos an der gleichen Stelle und bemerkt die Menschen nicht, die sie im Vorbeigehen verwundert betrachten. Die Wut steigt in ihr hoch, schnürt ihr den Hals zu, sie möchte schreien, um den Druck loszuwerden, aber jahrelang antrainierte Disziplin lässt sie schließlich weitergehen. Sie weiß gar nicht genau, wie sie bis zur Hafenspitze gekommen ist, sie hat sich einfach mit den Menschen treiben lassen.

Die frische Brise muntert sie auf, während sie auf dem Holzsteg sitzt, der wie ein Amphitheater aussieht. Unten auf der Plattform verfüttert eine ältere Dame mit ihren Enkelkindern ein ganzes Toastbrot an die Enten, Schwäne und Blässhühner. Oben am Weg unterhalten sich drei nicht ganz nüchterne, nicht ganz saubere Männer über die Wirtschaftslage im Allgemeinen und die ihrige im Speziellen, während Andrea den Blick über das Wasser gleiten lässt. Es ist klare Sicht, und man kann bis nach Dänemark sehen.

Es ist fast derselbe Blick, den sie damals von ihrem Zimmer aus hatte, und sie erinnert sich wieder daran, wie sehr ihr dieser Blick gefehlt hatte, als sie nach Duisburg gezogen waren. Umzug – das klingt eigentlich viel zu geordnet, geplant. Es war eher eine Flucht gewesen, Hals über Kopf hatten sie Flensburg verlassen. Der Vater musste von seinem Posten als Stadtrat zurücktreten, sein Ruf war ruiniert. Das Geschäft lief schlecht, und es war, als ob sie plötzlich weder Freunde noch Verwandte in der Stadt hatten.

Es war eine kurze, bittere Zeit gewesen, und ihr Vater war in den wenigen Wochen ein anderer Mensch geworden. Er hatte nicht gelernt, einen harten Schlag hinzunehmen, wieder aufzustehen und sich wieder hochzuarbeiten. Stattdessen hatte er das eher halbherzig gemeinte Angebot seines Schwagers aus dem Ruhrpott angenommen, hatte das Geschäft und die Wohnung einem Makler anvertraut und war mit Frau und Tochter nach Duisburg gegangen.

Dort hatte für Andrea ein neues Leben angefangen. Nichts zählte mehr, auf das sie vorher fest bauen konnte: Gesellschaftliche Bedeutung, Freunde, finanzielle Sicherheit. Stattdessen war sie auf dem Großstadtgymnasium der verlachte „Fischkopf" mit dem unmöglichen Namen.

Mit dem deutschen Schulsystem kam sie nicht zurecht, und von ihren Eltern konnte sie keine Hilfe erwarten, denn beide hatten zu viele Schwierigkeiten mit sich selbst, um noch Zeit und Kraft für ihre halbwüchsige Tochter aufbringen zu können. Mit Hilfe einer gut meinenden Deutschlehrerin hatte sie dann doch noch ihre mittlere Reife bestanden und einen Ausbildungsplatz im Büro bekommen. Dort benutzte sie nur noch ihren Zweitnamen, der ihr eigentlich nie besonders gefallen hatte, aber Andrea brauchte sie niemals zu buchstabieren oder zu erklären.

So war sie mit 18 Andrea Hansen, Sekretärin in einer Spedition – ohne Heimat, ohne Identität, ohne die Aussicht, einen ihrer Träume in die Wirklichkeit umsetzen zu können.

131

Er hatte inzwischen Karriere gemacht. In den größeren Tageszeitungen erschienen seine Fotos und Berichte, und über die Jahre verfolgte sie mit, wie Hinrich Martens' Texte auch in angesehenen Fachzeitschriften zu lesen waren.

Sie steht auf und geht zurück zu ihrem Hotel.

Da liegt die Zeitung noch aufgeschlagen auf dem Bett, so wie sie sie vor ein paar Stunden zurückgelassen hat. Morgen früh um 11.00 Uhr wird Hinrich Martens im Deutschen Haus einen Empfang für seine Freunde, Verwandten und Kollegen geben. Sie hat natürlich keine Einladung, aber sie wird morgen trotzdem bei der Feier dabei sein. Mit ihrem Mann zusammen ist sie unzählige Male bei ähnlichen Veranstaltungen gewesen. Es kommt nur auf das Auftreten an. Niemand wird sie nach einer Einladung fragen.

Es ist so, wie ein Empfang zu sein hat. Alles, was in der Stadt Rang und Namen hat (oder haben möchte), ist erschienen, jeder hätte eigentlich lieber etwas anderes mit seinem Samstagvormittag gemacht (was man natürlich nicht sagt), und alle hoffen, dass nicht so viele lange Reden gehalten werden (um dann selber eine lange Rede zu halten).

Das Geburtstagskind ergreift das Wort, dankt für das zahlreiche Erscheinen und gibt einen kurzen Rückblick auf sein Leben. Erste literarische Versuche beim Tageblatt, die Verbundenheit mit seiner Heimatstadt, der Museumshafen, den er mit ins Leben gerufen habe, seine Familie... Doch, er habe ein gutes Leben gehabt und freue sich auf den Ruhestand, auf seinen Garten und sein Schiff.

Andrea folgt seinen Worten, als ob sie sie auswendig lernen wolle. *Ja, du, du hast ein gutes Leben gehabt, aber unser Leben, das hast du zerstört.* Ihre Hände klatschen mit den Umstehenden zusammen Beifall, während aus ihren Augen hasserfüllte Blicke auf den gut gelaunten älteren Herrn am anderen Ende des Saales fallen. Die trostlosen Jahre mit den Eltern in Duisburg, bis es die Mutter nicht mehr aushält und über Nacht weggeht, um nie wiederzukommen. Ihre Flucht in die Ehe mit einem gut situierten Anwalt, den außer seiner Arbeit nichts wirklich interessiert und der bloß eine Vorzeigefrau braucht. All das geht ihr durch den Sinn, während der Bürgermeister, der Chefredakteur der Zeitung und all die anderen ihre Laudationes halten. Aber ihre Worte dringen nicht bis zu Andrea durch, zu stark ist ihr Schmerz.

Sie braucht ihre ganze Selbstbeherrschung, um beim anschließenden Essen höflichen Smalltalk mit zwei älteren Herren zu betreiben, denen gegenüber sie sich als alte Bekannte des Geburtstagskindes ausgibt. Als ein dritter Herr dazutritt, bricht sie das Gespräch ab und verlässt unter einem Vorwand den Saal. Sie lässt sich vom Portier ein Taxi rufen und fährt den kurzen Weg zurück in ihr Hotel.

Kaum hat sie den freundlichen Raum betreten, sinkt sie in einen Sessel und schlägt die Hände vors Gesicht. Tränen laufen ihr über die Wangen, ihr schmaler Körper zittert unter dem lautlosen Schluchzen. Es ist ihr Onkel gewesen, mit dem sie sich eben unterhalten hat. Sie hat ihn sofort erkannt, als er zu ihrer kleinen Gruppe hinzugetreten ist. Onkel Morten. Er hat sie nicht erkannt, denn diese Frau von 40 Jahren hat mit dem pummeligen 15jährigen Mädchen von damals nichts mehr gemein. Hätte sie ihm sagen sollen, wer sie ist? Wozu? Sie alle hatten sich damals von ihnen abgewandt, diese Verbitterung saß tief.

Sie weint und weint, bis sie schließlich einschläft, wie ein Kind.

Als sie am nächsten Tag gegen Mittag aufwacht, weiß sie kaum, wie sie den gestrigen Tag überstanden hat. Sie hatte sich in ihrem Bett verkrochen. Sie durchlebte die Trauer, die Wut, die Verzweiflung und Enttäuschung vieler Jahre innerhalb weniger Stunden noch einmal. Manchmal sank sie in einen leichten Schlaf, um nach kurzer Zeit aus einem Traum hochzuschrecken, ohne zunächst zu wissen, wer sie war und wo sie sich befand. Erst als es bereits dämmerte, war sie in einen traumlosen Schlaf gefallen.

Nun sitzt sie in ihrem Bett, reibt sich die Augen und fühlt sich – leer. Ruhig, gleichgültig, erschöpft.

Nach dem Frühstück lockt sie der Sonnenschein ins Freie. In der Innenstadt herrscht buntes Treiben, Urlaubsstimmung überall. Andrea hat keine Eile.

Während sie in einem Eiscafé eine Tasse Kaffee trinkt, beschließt sie, eine Schiffsfahrt zu unternehmen. Mit dem Butterschiff nach Kollund, alles aus der Ferne betrachten, das wäre jetzt gut. Sie kramt das Etui mit ihren Papieren aus der Tasche und sucht nach ihrem Personalausweis. Blutspendepass, Kreditkarte, Mitgliedsausweise breitet sie nacheinander auf dem Tisch aus, Krankenkassenkarte, Waffenschein – meine Güte, den hatte sie schon fast vergessen –, und dann taucht auch der Personalausweis auf.

Alle Papiere wandern zurück ins Etui, und zuletzt liegt nur noch der Waffenschein auf dem Tisch. Ihr Mann hatte vor einigen Jahren angefangen zu jagen und hatte sie überredet, mit ihm zusammen diesen Kurs zu besuchen. Sie hatte eigentlich keine Lust dazu gehabt und hatte diesen Schein noch nie benutzt. Einen Augenblick lang ist sie in Versuchung, ihn in den großen, pinkfarbenen Papierkorb zu werfen, der in der Nähe ihres Tisches steht, aber dann legt sie ihn doch zurück in die Tasche.

Es vergeht eine Woche, in der die Dame aus Duisburg sich nicht von anderen Touristen unterscheidet. Sie geht spazieren, macht Ausflüge in die Umgebung, liegt stundenlang am Strand. Sie erkundet die kleinen Gassen und die vielen Höfe der Flensburger Altstadt und lernt dabei auch „Frau Petersen" kennen, die Schaufensterpuppe, die sich jeden Tag die Nase am Schaufenster der „Hökerei" in der Marienstraße platt drückt.

Am darauf folgenden Wochenende ist sie eine von vielen, die zum „Tag des offenen Schiffes" an den Museumshafen kommen. Fast alle Schiffseigner haben sich bereit erklärt, Interessierten ihren Segler zu zeigen, und auch Hinrich Martens hat seine „Taraxacum" zur Verfügung gestellt. Andrea sieht ihm lange dabei zu, wie er am Bug steht und Fragen beantwortet.

Soll sie sich das Schiff ansehen? Ein unbestimmtes Gefühl zieht sie vom Steg weg. Aber warum? Sie fühlt sich ausgeruht und stark, und es ist wirklich ein schönes Schiff. Sie gibt sich einen Ruck und lässt sich von einem jungen Mann an Bord helfen.

Das ganze Schiff ist auf Hochglanz poliert, und während Andrea vom Bug zum Heck schlendert, entdeckt sie immer neue, liebenswerte Details. Die Türgriffe aus Bronze haben die Form der „Taraxacum", und an verschiedenen Stellen sind Schnitzereien im Holz: Meeresnixen, Fische, ein pausbäckiger Matrose. Am Heck entdeckt sie unten auf dem Fußboden eine kleine, geschnitzte Löwenzahnpflanze, die an der Wand entlang aus den makellosen Dielen herauszuwachsen scheint.

Während sie noch die Handwerkskunst bewundert, steigt in ihr ein leiser Groll hoch. Hinrich Martens muss wirklich wohlhabend sein, dass er sich all dies leisten kann. Und womit hat er sich das Geld verdient? Wie viele Menschen haben mit Leid und Kummer für diesen Luxus bezahlen müssen? Ihr steigen die Zornestränen in die Augen, und als sie in ihrer Tasche nach einem Taschentuch sucht, fällt ihr Blick auf das kleine Taschenmesser, das ihr Mann ihr einst aus der Schweiz mitgebracht hat. Sie nimmt es in die Hand, klappt die größte Klinge aus und betrachtet sie. Wie würde es aussehen, wenn sie damit einmal über den Fußboden schneiden würde? Oder über die Löwenzahnpflanze? Wäre es scharf genug, um dem Matrosen die Augen auszubohren? Oder der Nixe das Gesicht zu verstümmeln? Sie wirft das Messer in die Tasche zurück und verlässt eilig das Schiff.

In direkter Nachbarschaft des Industriegebietes mit dem Schlachthof, den Stadtwerken und der Werft befindet sich eine Idylle, die man hier nicht erwartet. Eine Hand voll Häuser reiht sich links an einer schmalen Straße auf, die hinunter zum Ostseebad an den Strand führt. Rechts der Straße liegt ein Hügel mit Bäumen, der als kleiner Park dient, man hört Vogelgezwitscher und Wellenrauschen. Hier wohnen Hinrich und Gerda Martens.

Am Tag nach der Schiffsbesichtigung versucht Andrea

sich einzureden, dass sie nur einen ganz normalen Spaziergang machen will. Aber in dem kleinen Park bleibt sie stehen und setzt sich auf eine Parkbank, von der aus sie sein
Haus gut sehen kann. Seitdem hat sie viele Stunden hier
verbracht.

Auch heute sitzt sie wieder hier, als das große, dunkel-
blaue Auto in die Garage rollt. Hinrich Martens öffnet die
hintere Tür und hilft seinen Enkelkindern aus dem Wagen.
Die Zwillinge im Vorschulalter stürmen voraus und bele-
gen die Großmutter mit Beschlag, die schon in der offenen
Haustür wartet. Die Kleine läuft noch etwas wackelig
ihren Brüdern hinterher, während Hinrich Martens den
Kindern lächelnd nachgeht. Das Lachen ist bis zu der Frau
oben auf der Parkbank deutlich zu hören, während sich die
Haustür schließt.

Andrea weiß, dass sie direkt vom Schiff kommen. Familie Martens hat einen sehr geregelten Tagesablauf: Um
14.00 Uhr werden die Kinder mit Oma und Opa die wenigen Schritte zum Strand gehen, beladen mit Picknickkorb,
Decken, Wasserbällen und Schwimmflossen. Wahrhaftig,
eine Idylle...

Andrea merkt kaum, wie die Zeit vergeht. Sie sitzt noch
auf ihrer Parkbank hinter einigen großen Bäumen, als die
Haustür aufgeht und der Familienausflug beginnt, genau
wie sie es vorausgesehen hat. Als das letzte Kind um die
Kurve verschwunden ist, liegt die Straße ruhig und ver-
schlafen da. Andrea steigt langsam den Hügel hinab und
betritt den Unterstand. Sie öffnet ihre Tasche, nimmt das
Schweizer Messer heraus, wählt mit Bedacht eine Klinge
und sticht zu. Der Autoreifen zischt. Noch einmal sticht
sie zu und noch einmal, während in ihr ein Wohlgefühl auf-
steigt, warm und prickelnd.

Sie geht einmal um das Auto herum, betrachtet dann zufrieden ihr Werk und verlässt das Grundstück. Es ist immer noch niemand auf der Straße.

Abends in ihrem Hotelbett fühlt sie sich müde, aber zufrieden. Am Strand hatte sie Hinrich Martens beim Baden
mit seinen Enkelkindern gesehen. „Was habe ich da ge-

tan?" Aber nach wenigen Sekunden siegt die Gewissheit: Ja, es war ihr gutes Recht, und er konnte froh sein, dass er so billig dabei weggekommen war!

Der nächste Tag ist ein Donnerstag und damit Zeit für den Routineanruf bei ihrem Mann. Ja, es gehe ihr gut; ja, das Wetter ist immer noch schön. Zu Hause ist alles in Ordnung? Wie schön. Gut, dann bis später.

Den Vormittag über macht Andrea einen Einkaufsbummel durch die Innenstadt, ein leichtes Mittagessen auf dem Nordermarkt unter einem Sonnenschirm, Touristenalltag.

Am späten Nachmittag zieht es sie dann, magnetisch, zum Ostseebad.

Das Haus liegt still und verlassen, der Unterstand ist leer. Im Vorgarten wachsen Rosen und Lavendel in Beeten, die einen kurz gemähten Rasen einfassen. Sie geht auf dem Gras am Küchenfenster vorbei, biegt um die Hausecke und steht auf der Terrasse. Zwei Liegestühle, ein Grill. Auf dem Tisch steht ein halb volles Saftglas, in dem eine Biene vergeblich versucht, sich aus der klebrigen Flüssigkeit zu retten. Leises Plätschern von einem Quellstein, gleich neben der Terrasse am Rande eines Gartenteichs.

Dann klirrt es. Glas splittert, die Vase auf dem Flügel kippt um. Die Rosen, die Hinrich seiner Frau vor ein paar Tagen mitgebracht hat, fallen auf den Boden und bleiben zwischen den Glasscherben liegen. Das Blumenwasser läuft auf den Teppichboden. Der Felsstein hat den Deckel des Flügels zerschlagen.

Andrea spürt keine Angst, dass jemand kommen könnte. Sie genießt den Augenblick und sieht die Schönheit in der Zerstörung. Mit den Augen verfolgt sie, wie die Wassertropfen in dem dicken Teppichboden versickern.

Widerstrebend verlässt sie die Terrasse, wirft noch einen letzten Blick auf das Haus und geht zurück in die Stadt.

Am folgenden Tag ist Hinrich Martens auf der Titelseite des Flensburger Tageblattes abgebildet. Zusammen mit seiner Frau steht er in seinem Wohnzimmer und schaut fassungslos auf den zerstörten Flügel. Gestohlen worden sei nichts; die Polizei vermutet, dass es sich um dieselbe Person handelt, die bereits am Vortag die Reifen von Martens' Auto zerstochen hatte. Weder Martens noch seine Frau hätten irgendeine Vermutung, warum ihnen jemand dies angetan habe, sie hätten niemandem einen Grund dazu gegeben. „Keinen Grund?", denkt Andrea empört, als sie den Artikel beim Frühstück liest, „keinen Grund? Ich könnte dir viele Gründe nennen!" Nach außen ruhig verlässt sie das Hotelrestaurant.

An der Rezeption erzählt Andrea der jungen Frau von einigen geschäftlichen Briefen, die sie unbedingt erledigen müsse. Ob es im Hotel eine Möglichkeit zum Schreiben gebe? Natürlich gibt es das. In einem Konferenzraum steht eine komplette Büroeinrichtung bereit. Andrea dankt mit ein paar netten Worten und einem Geldschein, lässt sich auf dem Bürostuhl nieder, stellt den Computer an und beginnt zu schreiben.

Die Finger laufen wie von selber über die Tasten, die Bilder scheinen direkt aus ihrem Unterbewusstsein auf den Bildschirm zu fließen. Ohne sich den Text noch einmal durchzulesen, lässt sie ihn ausdrucken. Sie faltet das Blatt zusammen, steckt es in die Tasche und verlässt das Hotel.

Im Kaufhaus ersteht sie eine Packung einfacher Briefumschläge, zieht aus dem Automaten eine Briefmarke und steckt den Brief in den Kasten.

Eine Woche später geht Andrea zum Ostseebad. Sie will eben in die kleine, parkähnliche Anlage einbiegen, als sie das Polizeiauto vor dem Haus von Familie Martens sieht. Sie geht weiter und bleibt bei den beiden Polizisten stehen, die um ihr Auto herumlaufen und sich offensichtlich langweilen. Ob etwas geschehen sei, fragt sie höflich. Der ältere Polizist blickt zunächst aufmerksam auf die gut gekleidete Frau vor ihm und gibt dann zögerlich Auskunft. Es handle sich um eine reine Vorsichtsmaßnahme, das Haus stehe unter Beobachtung. Sie sei Touristin aus dem Ruhrpott und noch nicht lange hier – wer wohne denn in diesem hübschen Haus? Der Polizist wird etwas gesprächiger:

„Hinrich Martens wohnt hier, Sie kennen doch den Fotografen Martens?" Andrea erfährt nach und nach, dass er bedroht wird: Anonyme Briefe, Telefonterror. „Haben Sie nicht in der Zeitung davon gelesen? Ach ja, Sie sind ja gar nicht von hier. Man hört es Ihnen auch gleich an."

„Gibt es schon irgendeine – wie sagt man so schön? – ‚heiße Spur'?"

„Wir ermitteln noch. Wir bereiten gerade eine Telefon-Sondernummer vor, damit sich jeder die Stimme anhören kann, vielleicht erkennt jemand die Frau ja wieder. Es wird wohl jemand von hier oben sein, denn sie spricht Flensburger Dialekt und Dänisch."

Andrea läuft den Weg zum Strand hinunter, wendet sich dann nach Norden und geht im Schatten der Bäume den Wanderweg entlang, bis sie wieder auf eine Straße trifft. Dort steuert sie auf die nächste Telefonzelle zu.

Solveig versichert sich, dass niemand in der Nähe ist, presst ein Taschentuch vor die Sprechmuschel, wählt die Nummer, die sie auswendig kann, und als sich am anderen Ende der Leitung eine Männerstimme meldet, schließt sie die Augen und fängt an zu sprechen...

Als das Telefon klingelt, schrecken beide auf, obwohl sie eigentlich nur auf das Klingeln gewartet haben. Der Kommissar schiebt Hinrich Martens den Apparat zu. „Wenn sie es ist, versuchen Sie, mit ihr zu sprechen. Versuchen Sie, irgendetwas aus ihr herauszubekommen, was uns weiterhelfen kann. Vielleicht kriegen wir diesmal eine gute Aufnahme, auf der man die Stimme etwas besser erkennen kann."

Widerstrebend greift Hinrich zum Hörer, meldet sich mit seinem Namen und hört dann die Stimme, die er in den letzten Tagen schon so oft gehört hat. Nur leise und gedämpft dringen die Laute an sein Ohr und in sein Bewusstsein: *„Du Dreckskerl, du Schweinehund, es ist schade um jeden Tag, den du in Ruhe und Frieden leben durftest. Aber die Zeiten sind vorbei, Freundchen, sie sind absolut vorbei. Keine Angst, du wirst nicht der Erste sein. Nein, das wirst*

du nicht, denn du sollst es so richtig auskosten, bis zum letz-
ten Tropfen. Es wird ganz langsam gehen…"

„Was wollen Sie von mir?? Warum bedrohen Sie mich
und meine Familie?? Wollen Sie Geld?? Was haben ich Ihnen denn getan??"

Aber die Stimme redet einfach weiter.

„Hören Sie, sagen Sie mir doch – aber jetzt reden Sie ja
dänisch! Ich verstehe kein Wort, ich verstehe sowieso
nicht, was das alles soll, ich…" Er knallt den Hörer auf die
Gabel.

Schon fast eine Woche lang ist weder Hinrich Martens
noch ein Familienmitglied bei der „Taraxacum" gewesen.
Die Polizei hat ihnen dringend davon abgeraten. Die Tochter hat mit ihren Kindern die Stadt verlassen, und Gerda
Martens ist ihnen kurz danach gefolgt. Grauenvolle Tage
liegen hinter ihr. Zuerst waren es nur die Telefonanrufe.
Mal tagsüber, mal mitten in der Nacht hatte es geklingelt,
aber dann wurde am anderen Ende ohne ein Wort aufgelegt. Und nach drei Tagen hatte die Unbekannte angefangen zu sprechen. Sie hatten daraufhin die Polizei einge-
schaltet, denn am selben Tag war auch der zweite anonyme
Brief bei ihnen angekommen.

Von da an war ständig Polizei im Haus gewesen, und es
war schnell klar, dass sie davon ausgingen, dass es sich bei
der Frau um eine ehemalige Geliebte ihres Mannes handeln
musste. Der Ehefrau gegenüber sagte man das natürlich
nicht so deutlich, aber der Gedanke war Gerda selber auch
schon gekommen. Hinrich stritt dies natürlich ab, aber
warum sonst sollte eine Frau so voller Verbitterung ihm
gegenüber sein? Und nun sitzt sie in diesem Dorf irgendwo in Bayern, wo sie niemanden kennt, und ist voller
Zweifel. Hinrich hat versprochen, möglichst bald nachzu-
kommen, aber noch lasse die Polizei ihn nicht weg. Das
sagt er ihr jedenfalls am Telefon…

Es ist dunkel, als eine Frau zielstrebig über den verlassenen
Steg des Museumshafens geht. Unter dem Lastenkran

bleibt sie stehen. Das Schiff mit der großen, gelben Blüte schaukelt wenige Meter vom Steg entfernt im Wind. Es scheint niemand an Bord zu sein. Entschlossen greift sie nach dem Tau, mit dem die „Taraxacum" befestigt ist, und ist erstaunt, wie leicht sich das große Schiff bewegen lässt. Als es nahe genug ist, wirft sie die Tasche auf die Planken, löst das Tau vom Poller und springt an Bord.

Der Westwind treibt das Schiff langsam vom Steg weg, während Solveig einmal rundherum geht. Beim Matrosenkopf bleibt sie stehen. Die Klinge ihres Messers ist scharf; ohne große Anstrengungen bohrt sie dem pausbäckigen Gesicht ein Loch ins rechte Auge und danach ins linke. Das Gesicht der hübschen Meerjungfrau durchziehen tiefe Kerben, und der Löwenzahn, der bescheiden an der Schiffswand wuchs, ist kaum noch zu erkennen.

Von den Kirchen rundum schlägt es zwei Mal, als an mehreren Stellen der „Taraxacum" kleine Flammen hochschlagen. Aus Solveigs Jacke, die in einer Ecke auf dem Boden liegt, breitet sich das Feuer langsam an der Schiffswand entlang aus. Es folgt der Spur, die sie mit dem restlichen Benzin gelegt hat. Fasziniert blickt sie in die Flammen, die so warm, lebendig, fröhlich vor ihr tanzen. Über ihrem Kopf beginnt ein anderes Feuer von ihrem Pullover auf die Segel überzugreifen, erst langsam, dann immer schneller.

Während die Flammen von dem trockenen Stoff auf das ebenso trockene Holz übergreifen, beobachtet sie, wie sich die Flammen bis zum zerstörten Löwenzahn vorarbeiten und ihn unaufhaltsam auslöschen.

Sie steht aufrecht und stolz im Wind, und ihr ist so warm von innen heraus, dass sie ihr Glück in die Welt hinausschreien möchte. Ihr Lachen dringt durch das Knistern des brennenden Holzes und wird über das dunkle Wasser weiter getragen. Das Lachen scheint lauter und lauter zu werden, es füllt sie vollkommen aus, während von ferne das Heulen der Sirenen die Nacht zerreißt.

Rebekka Wulff

Der Stoff, aus dem die Stories sind

Jes Jessen schickte seinen Text per Mausklick ab. Die Seite stand. Er lehnte sich zurück. Jetzt brauchte er nur noch auf das Zeichen vom Lokalchef zu warten. Es war fast 21 Uhr. Spät genug. Sind doch alle zurückgekommen, haben ihre Artikel abgeliefert, sogar der kleine Littmann, von dem er anfangs gedacht hatte, dass er nie begreifen würde, was eine Nachricht ist. Jes Jessen starrte auf den Bildschirm, aber die erlösende Buchstabenkette „Redaktionsschluss!" wollte nicht erscheinen.

Seine Finger sahen gelb aus im Neonlicht. Vielleicht färbten diese schwarzbraunen Teufel doch ab. Die linke Hand streckte sich schon wieder nach der Lakritztüte aus, die neben dem Computer lag. Zeige- und Mittelfinger schoben sich durch die schmale Öffnung. Sie spürten die glatte, leicht klebrige Folie, tasteten sie ab. Nichts. Jes Jessen griff mit der rechten Hand nach der Tüte, hielt sie sich dicht vor die Augen, sah, dass Verlass auf seine Finger war. Wie im Krampf knüllten sie ein festes Knäuel. Gänsehaut breitete sich zwischen seinen Schulterblättern aus, und er hätte nicht sagen können, ob sie vom Knistern kam oder vom Gedanken daran, dass er heute keine Lakritzbonbons mehr bekommen würde, wenn das hier noch lange dauern sollte.

Jes Jessen sah das Telefon an, dann wieder den Bildschirm. Vielleicht waren die Leitungen gestört, das Netz zusammengebrochen, ein Virus auf dem Vormarsch oder ein paar Hacker hatten aus Langerweile schon mal in der Zeitung von morgen gestöbert. Natürlich konnte da draußen auch etwas Wahnsinniges vor sich gehen. Etwas, das gar nicht hierher passte, das den Ruf der freundlichen, dänisch anmutenden Grenzstadt endgültig ruinieren würde. Im Dunkeln war alles möglich. Bürgermeister entführt. Rathausskelett zusammengebrochen. Psycho-Mörder unterwegs. Marineschule explodiert. Flensburg in Flammen.

Flackerte es draußen nicht feuerfarben? Jes Jessen sprang auf, rannte zum Fenster. Das orangene Licht gehörte einem Stadtreinigungswagen, der sich langsam die Nikolaistraße hinaufbürstete. Kein Inferno. Jedenfalls nicht direkt vor der Tür.

Zurück am Schreibtisch fand er immer noch kein Feierabendsignal vor. Er überzeugte sich zum zweiten Mal, dass alle Stichwörter auf seinem Notizblock gestrichen, sämtliche Themen bearbeitet waren. Einige würden wieder in der Zwischenablage landen und dort versauern. Selbst Frischmilch war haltbarer als die Berichte der Stadtredaktion. Aber das gehörte zum Geschäft.

Jes Jessen öffnete die linke obere Schreibtischschublade. Dort lagen sie sonst für ihn bereit. Er schob Memos und Pressemitteilungen hin und her. Er schaufelte sich den Berg Papier auf den Schoß. Wenn er noch einen finden würde, einen einzigen nur, er verlangte doch gar keine ganze Tüte. Er pflügte auch die anderen Fächer um, aber nicht einmal der Splitter eines Lakritzbonbons kam zum Vorschein. Sowas war ihm nicht passiert, seit er Berlin und die faden Gummibärchen hinter sich gelassen hatte, und er lebte schon fast zehn Jahre wieder in seiner Geburtsstadt.

Zuerst kaufte er die schwarzen Leckereien wahllos. Bald wusste er, welche zu salzig, zu pfeffrig, zu scharf, zu süß, zu hart oder zu weich waren. Seine Marke gab es nicht in jedem Supermarkt oder an der Tankstelle. Manche Kioske führten sie, und dänische Läden hatten sie im Sortiment. Seine Kollegen zogen ihn auf deswegen, besonders die, denen die Zigarette im Mundwinkel festgewachsen zu sein schien oder deren Kaffeepott nie leer war. Dabei ahnten sie gar nicht, wie gut sie es mit ihrer Sucht hatten. Bekamen jederzeit Nachschub. Nur das Kleingeld konnte zum Problem werden, aber meistens fand sich ein gutmütiger Wechsler. Jes Jessen nützten die Münzen nichts. So viel Kronen, Mark, Pfennige oder Öre in seinen Taschen klimperten, es gab keinen Lakritz-Automaten, der ihn von seiner Qual befreien konnte.

Es war nach halb zehn. Fehlte nur noch, dass ihn der Chef vergessen und im Haus eingeschlossen hatte. Im fünften Stock kletterte es sich nicht so gut aus dem Fenster. Er öffnete seine Tür. Die Nachbarbüros leer, der Flur lag dunkel, atmete Stille. Er ging nach vorne. Stimmen klangen ihm entgegen, beim Chef war noch Betrieb. Einfach hineinsehen: „Ich mach jetzt Feierabend, Horrido!", unmöglich.

Jes Jessen lehnte sich an die Wand. Er konnte nicht verstehen, was drinnen gesprochen wurde, dem Tonfall nach hörte es sich deutsch an. Kaum auszumachen, ob es ein Kollege oder ein Fremder war.

Zwanzig Minuten später brachte der Chef den Besucher zur Tür. „Einen Moment noch, Jessen, kann sein, ich brauche Sie gleich, ein Telefonat, ich muss sichergehen, ich weiß, Sie haben es eilig."

Er ahnte bestimmt nicht, wie sehr. Abends hatte es jeder eilig, ob mit Lakritze in der Tasche oder ohne. In der Redaktion war bekannt, dass Jes Jessens Freundin in Kollund wohnte, er sich kein Auto hielt, ihm sein klappriges Fahrrad oder seine Joggingschuhe genügten.

Wenn er spät am Vormittag ins Haus kam, die Kollegen beim „Moin Moin" schadenfroh grinsten, hatte es sich bereits herumgesprochen, dass es ihn wieder getroffen hatte. Er harrte ja gerne aus, nur heute nicht. Hoffte insgeheim, dass es ihm spät abends einmal die Bombenstory bescheren würde, um die ihn anderntags alle beneideten und die seinen Namen über die Grenzen Schleswig-Holsteins hinaus bekannt machen würde. Er hielte die ganze Nacht durch, hätte er nur genug Lakritze gehabt.

Die Zeiger seiner Uhr schoben sich unermüdlich weiter. Jes Jessen patrouillierte vor dem Büro des Lokalchefs. Fünf Schritte hin, fünf Schritte her. Es würde ihn nicht viel ruhiger stimmen, wenn er seine Füße die Wände hinauf und über die Decke hätte setzen können. Fünf Schritte hin, fünf Schritte her, viertel nach zehn.

Irgendwann öffnete sich die Tür. „Fehlalarm. Tut mir Leid, Jessen, schönen Feierabend."

144

Er brauchte sieben Minuten bis nach Hause und drei weitere, bis er sein Fahrrad aus dem Keller geholt hatte. Er trat zu, was die Pedalen aushielten. An der Kreuzung merkte Jessen, dass seine Bremse noch griff, auch wenn sie dabei jaulte wie ein angefahrener Hund. Er hatte nicht mehr mit so vielen Autos gerechnet. Also die verkehrsarme Route durch die Fußgängerzone bis zum Nordertor und weiter hinauf. Beim Supermarkt rechts über den Parkplatz und dann erst auf die Werftstraße. Brauereiweg und Batteriestraße lagen finster und menschenleer. Die Kohlenhalde sah für Jes Jessen aus wie ein Berg Lakritze. Sie trieb ihn weiter.

Das Schutzblech klapperte, als er über das Kopfsteinpflaster den abschüssigen Weg am Wasserwerk vorbei hinunter zum Ostseebad raste. Er überschlug sich nicht. An der Förde entlang kannten seine abgefahrenen Reifen jede Rinne. Zu allen Tages- und Nachtzeiten waren sie hier schon entlanggerollt. Jes Jessen hatte keinen Blick für den klaren, sternenbestandenen Himmel, kein Ohr für die frischen Blätter, die sich im Frühlingswind räkelten, für die Wellen, die nach den Steinen haschten. Er registrierte zwar, dass die Kupfermühlenbucht in unnatürlich grellem Licht lag, aber seine Gedanken waren zu sehr mit Lakritze verklebt, um sich darüber zu wundern.

Er nahm die Steigung die Straße Wassersleben hinauf im Stehen. Nur noch ein paar Meter an der B 200 entlang, dann hatte er den Grenzkiosk erreicht. Er bog in die Einfahrt, sprang ab, ließ das Rad fallen und lief zur Tür. Als er sie aufstoßen wollte, gingen drinnen die Lichter aus. Jes Jessen sank in sich zusammen. Er schwitzte und fror, er keuchte und seine Beine zitterten. Vielleicht sollte er sich doch einmal ein neues Fahrrad zulegen. Es war deutlich nach 23 Uhr.

Jetzt halfen nur noch Mettes feste Arme. Womöglich hatte sie sogar eine Tüte Lakritze im Küchenschrank. Es brauchte gar nicht unbedingt seine Lieblingsorte zu sein. Aber er hatte ihr versprochen, nicht mehr so spät zu kommen. Wenn sie gegen Mitternacht zu Bett ging, hatte sie sich damit abgefunden, allein schlafen zu müssen und ließ ihn nicht mehr über die Schwelle.

Jes Jessen stand auf und griff sich sein Fahrrad. Der kürzeste Weg ging durch den Wald, an der Schusterkate vorbei, den „Gendarmstien" entlang. Nur, dass der Grenzübertritt illegal war. Seine Jahre in Berlin, vor der Maueröffnung, hatten seine Nerven und Sinne für Uniformen und Hoheitszeichen, Schlagbäume und Personenkontrollen sensibilisiert. Er nahm immer den längeren Weg über Krusau. Heute blieb dafür keine Zeit. Besser er dachte nicht zu lange darüber nach. Er radelte direkt bis an die Brücke. In der Mitte pendelte dicht über den Holzbohlen eine Kette, mit einem kleinen rechteckigen Schild daran, im Wind.

Jes Jessen sah sich nach allen Seiten um, lauschte. Sein Puls hämmerte in den Ohren, sonst hörte er nichts. Er hob sein Fahrrad hoch und ging so schnell er konnte über die Brücke. Auf der dänischen Seite setzte er es ab, wartete einen Augenblick, aber da sich niemand auf ihn stürzte, um ihn festzunehmen, stieg er auf und fuhr los.

Einen Kilometer weiter, kurz bevor der Weg nach links bog, sah Jes Jessen grelles Licht von der Förde heraufscheinen. Hatten sie ihn doch erwischt? Ausrede, Erklärung, Entschuldigung. Warum fiel ihm jetzt bloß nichts ein? Ihm fiel doch immer etwas ein.

Er hörte heisere Rufe, verstand „Rum!" „Rum!" Das galt gar nicht ihm. Er hielt an, lehnte das Fahrrad an einen Baum. Das Licht. Er schlich sich näher. Das Licht hatte er schon von Wassersleben aus gesehen. Vorsichtig setzte er Schritt für Schritt auf knackende Äste, die der letzte Sturm abgebrochen und zwischen den modernden Blättern und dem ersten Grün verteilt hatte.

Er sah einen Mann, der bis zu den Schenkeln im Wasser stand. Mit beiden Händen hielt er eine Flasche hoch. Nein, das Etikett wollte er nicht lesen. Er hielt die Flasche eher neben sein Gesicht, so, als wollte er sie jemandem präsentieren. Jes Jessen gelang es nicht auszumachen wem. Er wagte sich nicht weiter vor. So konnte er zwar den Strand nicht einsehen, aber was, wenn er zu nah an den Abbruch

Er hörte heisere Rufe, verstand „Rum!" „Rum!"

kam und hinunterfiel. Der Kerl mit dem bartüberwucherten Gesicht und dem spitzen Hut, den er sich in den Nacken geschoben hatte, schien nicht zu Späßen aufgelegt zu sein. Und wer weiß, wie viele seiner Kameraden noch unten am Strand lauerten. Denn die Holzkisten, die dort im seichten Wasser trieben, bekam er alleine nicht weg. Außerhalb des Lichtkegels, weiter draußen in der Bucht, erkannte Jes Jessen auch die Umrisse eines Bootes.

Schmuggler! Und er hatte sie entdeckt. Das würde eine Story werden. Eine Sensation. Aber zuerst brauchte er Fakten. Gleich morgen früh musste er sich ans Telefon hängen. Und Fotos: Natürlich durfte er niemandem etwas verraten, jedenfalls vorerst nicht. Langsam zog er sich von seinem Beobachtungsposten zurück. Für heute hatte er genug gesehen.

Am nächsten Tag stand Jes Jessen die Müdigkeit ins Gesicht geschrieben. „Oh, Sünde", wisperten seine Kollegen, aber er winkte nur ab. Weder die Dose Lakritze in Mettes Küchenschrank noch ihre Freude über sein plötzliches Auftauchen hatten ihn von seiner Entdeckung ablenken können. Selbst die Wirkung ihrer flinken Zunge und ihrer ungeduldigen Finger hielt in dieser Nacht nicht lange vor.

Zuerst rief Jes Jessen den Bundesgrenzschutz an. Pressestelle. Später bekam er noch einen zuständigen Offizier an den Apparat. Sicher, die grüne Grenze. Viel unwegsames Gelände. Alles gut im Griff. Streifen auf deutscher und dänischer Seite. Engmaschiges Netz. Fahndungserfolge. Osteuropäische Schleuserbanden oder Asiaten. Geschmuggelt wird immer. Im kleinen und im großen Stil. Zigaretten, Alkohol, Drogen, Waffen. Aber da gibt es wirklich günstigere Ecken.

Als nächstes rief Jes Jessen einen dänischen Grenzpolizisten an, den er von einer Reportage her kannte. Im Sommer sind mehr Touristen unterwegs. Die wissen oft nicht so genau, wo die Grenze verläuft. Oder sagen, dass sie es nicht wissen. Da passen wir schon auf. Tag und Nacht. Mit Hundestreifen. EU, na ja, und unser Königreich als Außengrenze. Besser du holst eine offizielle Stellungnahme ein. Die Kommune Bov bestätigte Verstärkung an der Grenze in den Ferien und zu den Feiertagen. Aus Kopenhagen. Der Zoll meldete keine besonderen Vorkommnisse in letzter Zeit.

Blieb das Schifffahrtsmuseum. Rumschmuggler, ja, die sind historisch. Quellen. Wissenschaftliche Arbeiten. Sie können gerne vorbeikommen. Da fragen öfter mal Leute nach. Ungewöhnliche Erkundungen? Nein. Forscher, Lehrer und Schüler, Heimatkundler, Schriftsteller, Presse, PR-Leute.

Jes Jessen zog eine Tüte Lakritze aus seinem Fahrradkorb, den er neben dem Schreibtisch abgestellt hatte. Seine Finger suchten die Kerbe, die einzureißen war, während seine Augen immer noch auf dem Notizblock grasten. In den meisten Fällen genügte es, sich ans Telefon zu hängen. Der würzige Geruch aus dem Cellophan ließ ihn schlucken. Heute hatte das nichts gebracht. Es gab keine neuen Anhaltspunkte. Keine Beweise. Keine Zeugen. Festbeißen konnte er sich nur an der schwarzen Leckerei. Aber ein solcher Fall von grenzüberschreitendem, ja internationalem Ausmaß war nicht am Telefon zu lösen. Er musste sich den Tatort ansehen. Ganz genau. Bei Tageslicht. Am besten sofort.

Jes Jessen nahm seine Kamera aus dem Schrank, steckte ein paar Filme in die Jackentasche. Gegen die Zusage einer Routinereportage aus Harrislee und dem Versprechen, sein Handy einzuschalten, brauchte er die Konferenz nicht abzuwarten und bekam den Dienstwagen. Er fuhr über Krusau nach Kollund, parkte den Golf vom Tageblatt nahe der Mole und ging zu Fuß in den Wald.

Bald verlor sich der Weg in einer Schlucht, und Jes Jessen nahm nicht den hölzernen Steg, der darüber hinwegführte. Er kletterte hinunter, knickte um, rutschte, fing sich, nur nicht mit der Kamera an einen Stein stoßen. Er stieg über Wurzeln, glitt auf feuchtem Moos aus, stolperte, bekam einen Baum zu fassen, erreichte unversehrt den Strand. Hoffentlich lauerten die Schmuggler hier nicht irgendwo in einer Erdhöhle, beobachteten ihn aus ihrem Versteck heraus.

Wenn sie erkannten, dass er ihnen auf der Spur war, würden sie sich womöglich auf ihn stürzen und ...

Und niemand wusste, wo er hingefahren war. Es würde ewig dauern, bis sie das Auto fanden. Er läge hier in seinem Blut, das langsam wegtrocknete. Er griff in die Tasche und fischte sich ein Lakritz heraus. Nein, am Tage schliefen die Schmuggler ihren Rausch aus.

Jes Jessen ging ein Stück an der Küste entlang. Schmal und steinig, bis zu der Einbuchtung, die in der Nacht beleuchtet gewesen war. Er umrundete die Stelle vorsichtig. Es gab verschmierte Fußabdrücke und Schleifspuren, kleine runde Löcher, wie auch er sie hinterließ, wenn er sein Stativ auf weichem Boden aufstellte, Zigarettenkippen, Holzsplitter, einen Schraubverschluss aus Metall und ein paar braune Glasscherben, die zum Teil schon mit Sand überzogen waren. Jes Jessen legte einen feinkörnigen Film in seine Kamera und fotografierte jeden Meter. Vielleicht ließ sich auf den Vergrößerungen etwas erkennen, das er jetzt übersehen hatte. Dann machte er sich auf den Rückweg.

Während der Film im Labor war, schrieb er seine Auftragsartikel. Die Kontaktabzüge boten nicht einmal unter der Lupe mehr, als er mit bloßen Augen vor Ort gesehen hatte. Damit konnte er nicht zum Chef gehen. Er musste einen Zeugen finden, jemanden, der etwas beobachtet hatte, und er würde sich auf die Lauer legen. Heute Abend. Wo sie einmal erfolgreich geschmuggelt hatten, versuchten sie es bestimmt wieder. Nur, dass er diesmal vor ihnen dort sein würde.

Jes Jessen verließ sein Büro früh. Er ging zur Sportredaktion und bat, ein Teleobjektiv ausleihen zu dürfen. Er hätte genauso gut fragen können, ob ihm einer der Kollegen seine Frau borgen wollte. Sie waren eigen mit ihrer hochempfindlichen und eigentlich unbezahlbaren Ausrüstung. Er erzählte, dass er einer ganz heißen Sache auf der Spur war, überhörte den Zwischenruf „Spanner" und versprach eine große Flasche als Leihgebühr mitzubringen.

„Na, meinetwegen", ließ sich einer der Sportreporter erweichen, „wenn's kein Lakritzlikör wird. Aber Freitag brauche ich es wieder."

Zu Hause packte er Kamera und Objektive, Stativ und verschiedene Filme in seinen Rucksack, belud sein Fahrrad mit Iso-Matte, Schlafsack, Regenplane und Thermoskanne, zog Ski-Unterwäsche und Wetteranzug an und schüttete sich zwei Tüten Lakritze lose in die Tasche.

Zuerst fuhr er zum Hotel Wassersleben. Der Nachtportier hatte gerade seinen Dienst angetreten. Ihm war am vergangenen Abend nichts aufgefallen, er konnte von seinem Platz aus die Bucht nicht direkt einsehen. Im Restaurant fand Jes Jessen eine Kellnerin, die sich an grelles Licht drüben an der dänischen Küste erinnern konnte. „Wie von einem riesigen Scheinwerfer." Sie wusste nicht mehr wann und wie lange, sie hatte eine Gästegruppe zu betreuen. Er notierte sich ihren Namen. Im Nachbarhaus bewegte sich eine Gardine, nachdem er geklingelt hatte, geöffnet wurde ihm nicht. In den Apartments an der Ecke regte sich nichts.

Er radelte nach Krusau, bog am Grenz-Krug in den Wald ab, gelangte hinter Schusterkate auf den „Gendarmstien" und bald darauf an seinen Beobachtungsposten. Die Bucht lag im Dunkeln. Er baute sein Stativ nicht zu nah am Abgrund auf. Als er die Kamera mit dem Teleobjektiv justiert und eine Probeaufnahme gemacht hatte, legte er Iso-Matte und Schlafsack aus und versteckte sein Fahrrad im Gebüsch. Er setzte sich hin, lauschte dem Rascheln der Blätter, dem Knacken der Zweige, dem Schlurfen der Wellen, kaute Lakritze gegen die Müdigkeit, gönnte sich jede Stunde einen Becher Kaffee und schlief doch gegen Morgen ein.

Jes Jessen schreckte auf, als ihn jemand an der Schulter packte. Zwei Grenzbeamte mit Hund standen neben seinem Lager. „Undskyld", bemühte er seine Sprachkenntnisse, erklärte in einem Haschee aus Dänisch und Deutsch, dass er nicht illegal ins Land gekommen sei, nicht campe und schon gar nicht wild, von der Zeitung sei und Fotos machen wollte.

„So, du wolltest Fotos machen", wiederholte der Beamte mit dem Hund. Er inspizierte die Ausrüstung. „Und wovon?"

„Nun, ich habe gestern Nacht etwas beobachtet. – Waren Sie gestern auch hier auf Streife?" Einen Moment lang glaubte Jes Jessen seine Zeugen gefunden zu haben.

„Gestern?" Der zweite Uniformierte, der alle Angaben notiert hatte, klappte seinen Notizblock zu. „Gestern Nacht?" Sie fingen an zu lachen.

Jes Jessen sah von einem zum anderen.

„Gestern hatten wir frei", erklärte der Hundeführer immer noch lachend.

Das konnten unmöglich dänische Grenzpolizisten sein.

„Pack deine Sachen und verschwinde", riefen sie ihm zu.

Das waren verkleidete Schmuggler!

Als Jes Jessen gegen Mittag in die Redaktion kam, wartete der Lokalchef bereits auf ihn. „Also, Jessen, ich hatte da einen Anruf. Unangenehme Sache. Können Sie nicht umsichtiger recherchieren? Sie sind doch kein Anfänger. Sie wissen doch, wie man sich benimmt, zumal in Dänemark."

„Tut mir Leid, Chef, aber ich bin einem ganz großen Ding auf der Spur."

„So?"

„Ja. Ich wollte Sie nicht zu früh damit behelligen ..."

„Raus mit der Sprache."

„Ich habe Schmuggler gesehen, Rumschmuggler."

„Mein lieber Jessen, Sie müssen dringend ausspannen. Sie haben zu viel gearbeitet in letzter Zeit. Nehmen Sie Urlaub."

„Das war doch keine Halluzination!"

„Bummeln Sie Ihre Überstunden ab. Machen Sie sich ein paar schöne Tage mit Ihrer Freundin."

Jes Jessen quartierte sich bei Mette ein. Spät an jedem Abend joggte er durch den Kollunder Wald. Er traf keine Schmuggler, auch nicht in Verkleidung. Langsam begann er sich zu fragen, ob Lakritzentzug vielleicht doch Sinnestäuschungen hervorrufen könnte. Er überlegte, ob er sich der Qual noch einmal aussetzen sollte, entschied sich aber dagegen.

Dann hatte Mette Lust, ins Kino zu gehen. Sie fuhren nach Flensburg, stellten die Fahrräder bei Jes Jessen im Keller ab und schlenderten die Bismarckstraße hinauf zum Palast. Gleich nachdem Sie ihre Plätze eingenommen hatten, wurde das Licht heruntergedreht, der Vorhang geöffnet und die Werbung abgefahren. Da trieben Holzkisten in der Bucht. Ein bärtiger Mann mit einem spitzen Hut stieg ins Wasser. Jes Jessen sprang auf. „Die Schmuggler!" Der Mann drehte sich um, hielt eine Flasche neben sein Gesicht. „Das sind die Schmuggler!"

„Pst!"

„Ist ja gut."

„Setz dich, Alter", tönte es um ihn herum.

Mette zog an seinem Arm.

„Aber das ist hier in Kollund." Seine Knie gaben nach, er sank auf seinen Sitz.

„Ich weiß ", flüsterte Mette, „das haben sie erst neulich Nacht gedreht."

Eckhard Bodenstein

Engelsby-Blues

Kröger zieht den Bademantel enger um die Schultern. Nur
mal ein bisschen Luft schnappen auf dem Balkon. Seit ihn
diese Grippe erwischt hat, ist er kaum noch aus dem Haus
gegangen. Die Luft ist erstaunlich mild für die Jahreszeit.
So kurz vor Weihnachten ist wohl auch mit Schnee nicht
mehr zu rechnen. Weiße Weihnachten, richtig weiße Weihnachten – Kröger weiß auf einmal nicht mehr, ob es die jemals gegeben hat oder ob die Erinnerung an seine Kindheit
in Harrislee und am Niehuuser See ihm einen Streich
spielt.

Er hebt die Arme leicht über den Kopf, um durchzuatmen. Der Hustenreiz ist da. Er wird sicher noch einige Tage brauchen, bis er sich wieder zum Dienst melden kann.
Kröger sehnt sich nicht an seinen Schreibtisch im alten Po-
lizeigebäude an den Norderhofenden zurück. Er hat auf
einen Neubau an der Wilhelmstraße gehofft, aber dort
zieht eine zweifelhafte Finanzgruppe – nach anfänglichem
Baustopp wegen Schlamperei – ein ebenso zweifelhaftes
Büro- und Apartment-Haus hoch – und das bei über 1000
leer stehenden Wohnungen in Flensburg. Betrügerischer
Bankrott, damit wird es enden, aber das ist nicht seine Ab-
teilung.

Man hat seine wöchentliche Dienstzeit erhöht, aber das
bescheidene Gehalt eines Polizeibeamten im mittleren
Dienst eingefroren und die Aussicht auf Beförderung qua-
si abgeschafft. Dabei sind die Aufgaben gewachsen. Nicht
nur der Oberbürgermeister will Flensburg unbedingt von
der traurigen Spitzenposition in der bundesdeutschen Kriminalstatistik entfernt wissen.

Mit dem rechten Fuß rückt Kröger unwirsch einen der
beiden Gartenstühle auf dem Balkon zurecht. Im Sitzen
kann man immer noch die sich langsam verdichtende
Dämmerung dieses Dezembernachmittages studieren. In
der Luft steht der unwirklich ferne und zugleich aufdring-

liche Lärm des Berufsverkehrs auf der Nordstraße. Wenn man genau hinhört, kann man das Anfahren an der Hauptkreuzung ausmachen. Das muss an der hohen Luftfeuchtigkeit und an dem leichten, milden Westwind liegen.

In Kopfhöhe versperren die Blumenkästen am Balkongeländer die Aussicht. In den meisten stecken noch die letzten Strünke der Sommerbepflanzung. Schon längst hätte er die Kästen in den Keller bringen sollen, aber Christine ist nach dem missglückten Sommerurlaub bei ihm ausgezogen, nun fehlt der Antrieb.

Angefangen hat es mit Christines Selbsterfahrungskurs im „Haus der Familie", und seitdem trägt sie so ein langes Klunkerding am rechten Ohr und beginnt jeden Satz mit *„Ich denke mal, dass wir hier ein Stückweit..."* Im Herbst ist Christine zu einer Fortbildung des städtischen Frauenbüros „Raiku-Toyobishi – Selbstfindung durch Bergkristall" in die Toskana aufgebrochen.

Kröger hat sich dann eigentlich ganz gern wieder in das Fahrwasser eines Junggesellen begeben. Auf dem Küchentisch stapeln sich die alu-ausgelegten Verpackungen des AVANTI-Pizza-Dienstes, seit dieser in Engelsby einen Laden aufgemacht und Kröger den Gang zum „Schlemmergrill" erspart hat. Wenn da nicht Milena aus dem bosnischen Flüchtlingsheim in Glücksburg einmal die Woche nach dem Rechten sehen würde, sähe es wohl noch schlimmer aus.

Hier vom vierten Stock aus hat man tagsüber einen guten Blick über die spießigen Reihenhäuser des Mozartplatzes mit ihren vorgemauerten Gelbsteinfassaden, ihren Glasbausteinen in den Kellerfenstern und an der Sitzecke, ihren Zement-Gartenplatten, ihren Krüppelkiefern und ihrem spilligen, pflegeleichten Buschwerk.

Nach links sieht er die Rückfront des massiven Wohnblocks der Händelstraße. Nach und nach sind hier die Lichter angegangen. Von oben kann man über die nur halbhohen Scheibengardinen in die Küchen der unteren Geschosse blicken, während das andere Fenster meist verhängt und dunkel ist. Das muss das Schlafzimmer sein.

Unten im Erdgeschoss sind neue Leute eingezogen. Er sieht sie kramen und mit Kartons und Tüten hantieren. Die Bewegungen verraten, dass es zwei junge Männer und eine Frau sind. Einer der Männer ist breitschultrig und auffallend kräftig, mit längeren Nackenhaaren, einer richtigen Manta-Matte. Im Umzugschaos ist die Küche nun offenbar zum gemeinsamen Treffpunkt geworden.

Die jungen Leute scheinen sich Zeit zu lassen. Meist sitzen sie am Küchentisch. Bierdosen stehen herum. Sie gestikulieren und unterhalten sich angeregt. Als sie einmal das Küchenfenster öffnen, um den Zigarettenqualm herauszulassen, glaubt Kröger für einen Augenblick den dumpfen Bassrhythmus wie bei jungen Leuten in einem vorbeifahrenden Golf-Kabrio zu hören.

Mozartplatz, Händelstraße, Franz-Schubert-Hof, Richard-Wagner-Irgendwas: Kröger ist den stupiden Stadtvätern und den Baudezernenten der ganzen Republik für diese städtebaulichen Großtaten, für ihre Schuhkarton-Architektur plötzlich irgendwie dankbar. Sie ermöglichen es ihm als Polizeibeamten, sich in jeder beliebigen Stadt zurechtzufinden und sich jeden beliebigen Schauplatz bis hin zu den Waschbeton-Verkleidungen der Mülltonnen und den Wohnzimmern mit Sitzgruppe und Glastischchen vorzustellen.

Da gibt es überall am Rande der Altstadt die unvermeidliche Bismarckstraße mit ihren großen Kästen Anno 1900. Der Verkehrslärm hat das Großbürgertum längst – politisch korrekt – in die Goerdelerstraße, zum Geschwister-Scholl-Platz und an den Stauffenberg-Ring vertrieben. WG's mit fusselhaarigen BU-StudentInnen und Sozialhilfeempfängern (mit Schäferhund) sind in die noch nicht parzellierten Wohnungen nachgerückt.

Nach dem Krieg folgen die Wohnblocks der Danziger-, Königsberger- und der Sudetenlandstraße, in deren klaustrophobischen Treppenhäusern der Kohlgeruch hängt und alle Frauen mit dem gleichen Leibesumfang den gleichen Kasack tragen.

Auch die 3.741 Flieder- und Wacholderbögen in

Es waren zwei junge Männer und eine Frau...

Deutschland kennt Kröger, mit ihren Ligusterhecken und Kaminholzstapeln (an der Ostseite), in ihrer Bungalow- und Atrium-Bauweise und mit ihren Flachdächern, durch die es nach Ablauf der Gewährleistungsfrist – spätestens jedoch nach zehn Jahren – durchregnet.

Durch die halb offene Balkontür ruft ihn das Zeitsignal der Tagesschau in die Wohnung zurück. Kröger nimmt das Gutmenschen-Gerede der Bundestagspräsidentin aus dem Bonner Jet-Set kaum wahr. Was da in Ruanda vor sich geht, was die geplante Steuerreform ihm als kleinem Beamten bringen wird – und überhaupt: wer weiß schon, wie lange es noch Beamte geben würde – bei *der* Regierung in Kiel.

Die Medikamente tun ihre Wirkung, das Schlafbedürfnis wird größer. Vielleicht doch noch eine Zigarette, die Dr. Weber ihm natürlich untersagt hat. Er schaltet den Fernseher aus. Vielleicht wäre es gut, noch einmal kräftig durchzulüften. Kröger zieht den Bademantel wieder fest um sich, öffnet weit die Balkontür und tritt hinaus in den schwarzen Abend.

Erstaunlich schnell, findet Kröger, gewöhnen sich seine Augen an die Dunkelheit. Auch der Kopf wird jetzt klarer. Die meisten Fenster sind nun erleuchtet, in einigen kann er das bläulich-kalte Licht eines Fernsehers ausmachen. Unwillkürlich bleibt sein Blick im Erdgeschoss des Nachbargebäudes hängen. Die drei jungen Leute sind offensichtlich zur Ruhe gekommen. Sie sitzen um den Küchentisch und bereden etwas. Einmal steht der Gorilla, wie Kröger ihn im stillen Zwiegespräch mit sich selbst getauft hat, auf, holt etwas aus dem Kühlschrank und stößt die Tür mit dem Fuß wieder zu. Der Gorilla lehnt sich mit dem Rücken an den Kühlschrank und bleibt so stehen. Er scheint den anderen etwas zu erklären und deutet dabei auf den Küchentisch.

Ohne eigentlich zu wissen warum, geht Kröger zurück in die Stube, holt sein Fernglas und schaltet das Licht hinter sich aus. Mit dem schlechten Gewissen eines Voyeurs blickt er zunächst weit nach Westen, wo die roten Lampen am Schornstein der Flensburger Stadtwerke den Positionslichtern eines landenden Flugzeugs gleichen. Nach wenigen Sekunden hat er dann doch das Fernglas von hier oben auf die Wohnung im Erdgeschoss gerichtet. Die neuen Bewohner sitzen immer noch in der Küche zusammen, trinken Bier und werden dabei zu später Stunde von einem nicht besonders gut gelaunten, mittelalterlichen, krankgeschriebenen Kriminalbeamten mit einem Fernglas beobachtet.

Wie ist er selber als junger Mann gewesen? Am Alten Gym hat er zunächst zu den besten Schülern gehört, obwohl er nicht nur aus einem „bildungsfernen" Milieu, sondern auch noch vom Lande, aus Harrislee, kommt, während wassergekämmte Juristen-Sprösslinge von der westlichen Höhe den Ton angeben. Jetzt sitzen sie in Vaters Anwaltskanzlei zwischen Südermarkt und Toosbüystraße.

Kröger muss an seinen Lehrer Dr. Bahnsen denken, in seinem blank gesessenen, dunkelbraunen Anzug, wie er die ewig kalten Gänge entlangbrüllt, diese Gänge, wie zum Hohn geschmückt mit hehren griechischen Idealfiguren. In der Obertertia hat es dann zum ersten Mal geknallt, als Bahnsen – Entschuldigung: Herr *Doktor* Bahnsen! – ihn wegen eines umgestoßenen Papierkorbs anschreit und Kröger den besonders beim Brüllen penetrant nach Zigarren riechenden Oberstudienrat wortlos stehen lässt, ihn einfach ignoriert.

Vor ein paar Jahren ist Bahnsen, dieser Möchtegern-Caesar, dieser Tyrann ganzer Schülergenerationen, endlich gestorben. Kröger hat es mit Genugtuung registriert. Seinen Grabstein am Friedenshügel ziert nun eine lateinische Inschrift. Etwas Latein ist bei Kröger doch hängen geblieben: *Sic transit gloria mundi* sollte da lieber stehen, das wäre eine passende Inschrift für den „großen" Bahnsen.

Mit Ach und Krach hat Kröger dann die Untersekunda und damit die mittlere Reife geschafft. Es folgt nach einer abgebrochenen kaufmännischen Lehre die Polizeischule in Eutin. Dann ein paar kleinere Posten auf dem Lande –

„j-w-d" als Dorf-Sheriff in Nordfriesland und in der Freizeit Fußball in der Zweiten bei Frisia Lindholm.

Andere Kollegen haben abends das Abitur nachge-
macht, Lehrgänge absolviert und sind an ihm vorbeigezo-
gen. Als seine gleichaltrigen Vorgesetzten haben einige
später sogar das „Sie" hervorgeholt. Kröger wundert sich,
dass das Beobachten dieser drei jungen Leute ihm seine Le-
benssituation klarmacht.

Auf dem Küchentisch der jungen Leute liegt ein Bogen
Papier. Die Bierdosen sind zur Seite geschoben. Einige
dicke Striche, vielleicht mit einem Filzstift gezogen, lassen
sich mehr erahnen als genau erkennen. Der Gorilla scheint
der jungen Frau etwas zu erklären. Mit dem Finger folgt sie
einigen Linien, und der Gorilla nickt. Kröger kann jetzt
seine Gesichtszüge studieren. Die beiden anderen sind von
hier oben nur ab und zu im Profil zu erkennen.

Kröger beginnt auf dem Balkon zu frösteln. Gerade als
er das Fernglas absetzen will, um diesen etwas peinlichen
Einbruch in die Privatsphäre fremder Menschen zu been-
den, sieht er, wie sich der zweite, schmächtige junge Mann
erhebt und in der Wohnung verschwindet. Gleich darauf
taucht er wieder auf, setzt sich auf den Stuhl mit dem
Rücken zum Fenster und legt etwas auf den Tisch.

Eine Pistole! Und daneben legt er einen länglichen, eckigen Gegenstand. Ja, ein Magazin natürlich! Nun steht die
junge Frau mit einer heftigen Bewegung auf und reißt mit
einem entschlossenen Ruck das Rollo herunter. Nur ein
milchig-brauner Schein verrät jetzt noch, dass Licht in der
Küche einer Erdgeschosswohnung in der Händelstraße
brennt, wo sich drei junge Leute über eine Pistole beugen.

Hat er geträumt? Ist er betriebsblind, mürrisch und
misstrauisch geworden? Sieht er als von der Sinnkrise des
„midlife" geschüttelter, einzelgängerischer Polizist inzwischen schon Gespenster? Hat er sich nicht dabei ertappt,
wie er angefangen hat, Selbstgespräche zu führen, ja sogar
mit sich selber zu diskutieren? Was geht ihn das alles überhaupt an?

Kröger will sich gerade abwenden und zurück in die

160

Wohnung gehen, als unten in der Küche das Licht ausgeht und gleich darauf jemand das Küchenfenster mit einem schwachen Geräusch nach außen drückt.

Unwillkürlich geht Kröger hinter den Blumenkästen seines Balkons in Deckung. Wie gut, dass er das Licht hinter sich ausgeschaltet hat, denkt er. Er glaubt, eine Gestalt zu sehen, die sich hinausreckt und die Fassaden absucht. Dann ruft die Gestalt kurz etwas ins Innere der Küche, um dann selber wieder das Fenster hinter sich zuzuziehen.

Einen Augenblick später dringt der gleiche schwache, trübe Lichtschein in den schwarzen Innenhof, in dem man das struppige Buschwerk und den schäbigen Kinderspielplatz in Umrissen ahnen kann.

* * *

> "Begin at the beginning",
> the King said, gravely,
> "and go on till you come to the end:
> then stop."
>
> *Lewis Carroll*

Es ist schon später Vormittag, als Kröger mit Erstaunen das gerade abgerissene Kalenderblatt des Vortages betrachtet. Er hat es sofort zerknüllen und damit in den Papierkorb zielen wollen. Aber er tut es nicht. Das Kalenderblatt betrachtet jetzt ihn, nicht umgekehrt. Eine Fußnote verrät, dass Lewis Carroll, ein schrulliger Mathematikprofessor aus Oxford, das Buch „Alice im Wunderland" geschrieben hat. Richtig, sie haben Auszüge davon in der Schule gelesen. *„...and go on till you come to the end."* Kröger legt den Zettel zur Seite, schluckt eine Aspirin und streckt die Arme. Dann öffnet er die Balkontür und tritt an die Brüstung.

Das Küchenfenster im Erdgeschoss ist verhangen. Nichts deutet auf die drei jungen Leute des Vorabends hin. An diesem leicht nebligen Dezembermorgen wirkt die Wohnung unbewohnt, als sei jemand für längere Zeit verreist. Kröger versucht durchzuatmen, aber die Bronchien tun weh, und der Kopf pocht.

161

Was geht ihn überhaupt die andere Wohnung an? Soll er klingeln und sagen: „Entschuldigung, darf ich mal Ihren Waffenschein sehen?" Lächerlich! Vielleicht ist es eine Spielzeugpistole, die er gesehen hat, und überhaupt: jetzt ist er krankgeschrieben und nicht im Dienst. Passiert ist gar nichts, also was soll er dort?

Kröger rasiert sich und studiert dabei seine Gesichtszüge im Spiegel. Er muss lächeln, als er sich eingesteht, dass er sich selber ganz sympathisch findet. Die Sache mit Christine ist ausgestanden. Die Dinge haben an Klarheit gewonnen. Das bedeutet Freiheit, Entscheidungsfreiheit. Kröger zwinkert seinem Spiegelbild zu und zieht sich langsam an.

Eigentlich gefällt ihm das Leben an diesen Tagen ganz gut, ohne Verpflichtungen, ein Leben ohne Streit und von einer gewissen heiteren, schwerelosen Gelassenheit. Aber sich vorzustellen, mit dem Siebert als Vorgesetztem auf ewig zusammenzuarbeiten und in dieser Betonwabe, in diesem Kaninchenstall in Engelsby zu hocken, an so einem feucht-trüben Dezembertag... Nach Canada oder Neuseeland hätte man auswandern sollen, damals. Noch vor zehn Jahren hätten sie ihn sicher genommen. Aber der Zug ist abgefahren.

Als er die Wohnungstür hinter sich zugezogen hat, entschließt sich Kröger, die Treppe zu nehmen. Auf dem Weg nach unten überlegt er: er braucht ein Fertiggericht, vielleicht heute am Freitag die neue HörZu und dann noch eine Schachtel Zigaretten. Er fühlt, dass er herausmuss, heraus aus den klaustrophobischen vier Wänden. Dr. Weber hat ihm sogar zu kurzen Spaziergängen geraten. Kröger schließt den Schal fest und schlägt den Mantelkragen hoch.

In der Nähe hat man vor einem halben Jahr ein riesiges überdachtes Einkaufszentrum, das Förde-Center, eröffnet. Die Kaufleute der Innenstadt sind alles andere als begeistert gewesen, aber die cleversten unter ihnen – obwohl ansonsten Spinnefeind – haben dann sogar gemeinsame Filialen im Förde-Center eröffnet. Zuvor hat es eine Brandstiftung gegeben, um die Einweihung zu verhindern. Er selber ist einigen interessanten Spuren nachgegangen, aber beweisen lässt sich zunächst nichts. Siebert hat dann den Fall an sich gezogen, und seitdem tut sich nichts mehr in der Sache.

Zu dieser Zeit hat Kröger im Knopfloch an Sieberts Revers zum ersten Mal einen Anstecker in Form eines kleinen Zahnrads entdeckt. Zunächst denkt er an so etwas wie „IG-Metall" oder „Technisches Museum Wanne-Eickel". (Siebert stammt unüberhörbar aus dem Kohlenpott.) Auch „Essen auf Rädern" hat er mit einer Portion Gehässigkeit in Erwägung gezogen – oder die „Freunde der Museums-Eisenbahn Kappeln-Süderbrarup". Viel später erst erfährt Kröger, dass dies für Eingeweihte das Erkennungszeichen *des* Flensburger Herrenclubs ist – einer geschlossenen Gesellschaft, bestehend aus älteren, alteingesessenen Honoratioren, die Einfluss haben und die sich zum Erhalt desselben mit den richtigen Personen verbünden.

Im Förde-Center herrscht Weihnachtsstimmung – oder zumindest das, was die Manager darunter verstehen: Es dudelt an allen Ecken, meist dieser amerikanische Musikverschnitt, ein dünner Computer-Aufguss aus „Jingle-Bells" und „Stille Nacht", aber immerhin nicht RSH. Ist er der Einzige, bei dem sich die rechte Weihnachtsstimmung nicht einstellen will?

Dennoch liebt Kröger die Anonymität dieser Menschenmenge: alle auf der Suche nach etwas, was man nicht kaufen kann, um dann doch sozusagen ersatzweise das Geld für etwas auszugeben, von dem man sich einredet, es sei besonders günstig, es mache Freude, ja, man benötige es sogar. Das Förde-Center ohne überdimensionale Einkaufstüten zu verlassen, ist für diese freudlose Masse undenkbar: Es wäre das Eingeständnis der eigenen Niederlage, man wäre ein Versager.

Mit seinem Einkaufswagen biegt Kröger an den Kassen vorbei in den riesigen neuen PRIMA-Supermarkt ein. Er steuert die Allee mit Tiefgefrorenem an und packt den bunt bedruckten Plastikbeutel mit der China-Pfanne in den Wagen. Die HörZu und die Zigaretten kann er später am Kiosk holen.

Nicht alle Kassen sind besetzt. Typisch, denkt Kröger, und das bei diesem Weihnachtstrubel! Er reiht sich in die Schlange der Wartenden ein. Er verspürt keine Eile hier zwischen quengelnden Kindern, genervten Müttern und überquellenden Einkaufswagen.

Das erste Weihnachtsgeschäft des Förde-Centers scheint sich gut anzulassen. Erst jetzt fallen ihm die üppigen Dekorationen und beweglichen Girlanden auf. Die tropisch anmutenden Riesenfarne – aus Plastik – bei den Sitzgruppen hat man aber nicht der Weihnachtszeit geopfert.

Unter dem Riesenfarn sitzt ein Rentner mit drei prallen Einkaufstüten. Er scheint auf seine Frau zu warten. Ein paar Sitze weiter blättert ein junger Mann gelangweilt im Tageblatt. Er schaut ab und zu zu den Kassen hinüber, und einen Augenblick glaubt Kröger, dass sich ihre Blicke treffen.

Von der Seite tritt jetzt ein zweiter, kräftiger Mann hinzu, in jeder Hand einen Becher Kaffee. Der Gorilla! Kröger erkennt ihn an der Gangart, an der Statur, an den Haaren. Nun reicht der Gorilla dem anderen einen Kaffeebecher und lässt sich neben ihm nieder. Kein Zweifel, das sind die beiden jungen Männer aus der Küche in der Händelstraße.

Kröger bezahlt die China-Pfanne und lässt sich noch eine Plastiktüte geben. Ohne die jungen Männer zu beachten, geht er am Riesenfarn vorbei hinüber zum Kiosk. Dann stellt er sich nebenan im Stehcafé von Bäcker Matthiesen an einen der vorderen Tische. Von hier aus kann er die beiden schräg von hinten beobachten.

Er hat sich einen Kaffee geholt und sich dann eine Zigarette angesteckt. Als er aufblickt, sieht er zwei andere junge Männer in modischen Anzügen – richtige Yuppies, denkt er –, die an einer Kasse im Supermarkt mit der Kassiererin reden, die resolut die Kunden zu den anderen Kassen umdirigiert hat. Einer der Männer quittiert, der andere steckt einen Umschlag in die Innentasche. Das müssen die Mitarbeiter der Geschäftsleitung sein, die die Einnahmen des Vormittags an sich nehmen. Derselbe Vorgang vollzieht sich an zwei weiteren Kassen.

Von seinem Kaffeetisch aus sieht Kröger, wie die beiden jungen Männer unter dem Riesenfarn ein etwas zu demonstratives Desinteresse zeigen und in der Zeitung blättern. Ihm können sie nichts vormachen: Sie beobachten aufmerksam den ganzen Vorgang. Nach einigen Minuten kommen die jungen Herren von der Geschäftsleitung zurück, quittieren und nehmen die Einnahmen der restlichen drei Kassen mit. Als Kröger mit seinem zweiten Kaffee an seinen Tisch zurückkehrt, sind die beiden jungen Männer unter dem Riesenfarn im Gedränge verschwunden.

Kröger blickt auf die bunten Tropenparadiese des neuen Reisebüros und fasst einen Entschluss. Wohl gelaunt und guter Dinge zwängt er sich durch die Menschenmenge und verlässt das Förde-Center. Draußen ist es neblig und unangenehm klamm geworden. Zuhause bereitet er die China-Pfanne zu und isst mit gutem Appetit. Dann legt er sich auf das Sofa, stellt den kleinen Radiowecker auf 19 Uhr, rollt sich in eine Decke und versucht zu schlafen. Er wird etwas Schlaf jetzt gut gebrauchen können.

* * *

Es ist dunkel geworden, als Kröger das Hochhaus verlässt und sich nach einer Weile wieder dem hell erleuchteten Förde-Center nähert. Es sind weniger Menschen auf der Straße, als er erwartet hat. Die neuen verlängerten Ladenöffnungszeiten haben offensichtlich noch nicht gewirkt. Am Haupteingang stehen zwei Polizeiwagen. Mit einem Nicken grüßt Kröger die Kollegen und geht weiter in die große Ladenzeile.

Drinnen trifft er Siebert: Es hat einen Überfall auf den Supermarkt gegeben. Zwei maskierte Männer haben beim Schichtwechsel die Mitarbeiter an den Kassen überfallen und sind mit 80.000 DM durch die Tiefgarage entkommen. Gibt es eine Täterbeschreibung? Es sind zwei junge Män-

165

ner gewesen, wie gesagt maskiert, der eine auffallend kräftig, der andere eher schmächtig.

Kröger verabschiedet sich von Siebert und teilt ihm noch mit, dass er versuchen werde, am Montag wieder zum Dienst zu kommen. Langsam verlässt er das Förde-Center.

In seiner Wohnung schaltet Kröger das Licht im Wohnzimmer aus und tritt auf den Balkon. Aus der Wohnung der jungen Leute dringt nur ein trüber Schein durch den Nebel zu ihm herauf.

Das beste Versteck ist immer ganz in der Nähe des Tatorts, denkt Kröger. Da liegen 80.000 DM, und er weiß, wie er sich die holen kann. Er schließt die Balkontür wieder hinter sich. Noch eine gute Stunde sollte er warten, einige Zigarettenlängen vielleicht, dann werden sie alle beim dritten Dosenbier vor ihrem Fernseher sitzen.

Im dunklen Wohnzimmer zündet Kröger sich eine neue Zigarette an und muss husten. Er drückt sie wieder aus und schaut auf die Uhr. Dann nimmt er aus der Kommode auf dem Flur seine Dienstwaffe, schiebt mit einem „klick" sein privates Reserve-Magazin hinein und entsichert die Waffe. Er zieht den dunklen Wintermantel an.

Auf der Ablage findet Kröger die idiotische Brille mit Pappnase und Schnurrbart vom Kappenfest bei den Polizei-Senioren. Das steckt er in die linke Manteltasche. Die Pistole lässt er in die rechte Tasche gleiten. Dann schlägt er den Kragen hoch und zieht seine Mütze ins Gesicht. Draußen im Fahrstuhl drückt er auf „E" – „E" wie „ERDgeschoss" oder wie „ENDgeschoss" oder ganz einfach wie „END", denkt er: „...and go on till you come to the end: then stop. "

Mörderisches Flensburg

Autoren und Illustrator

Dr. Eckhard Bodenstein, Autor von Fachbüchern und Lexika, Mitarbeiter bei Zeitschriften, bis 1995 Direktor einer Privatschule in Kopenhagen, danach an der Universität Flensburg tätig.

Renate Delfs, bekannte Flensburger Schauspielerin und Autorin mehrerer Bücher (u. a. Flensburger Petuh) im Husum Verlag.

Harry Engel, in Flensburg aufgewachsen, Hobby-Archäologe, lebt als Werbekaufmann in Jütland/Dänemark.

Dr. Birgit Hambach-Uldall, Ärztin und Psychiaterin, Schriftstellerin, lebt in Flensburg.

Rolf Lehfeldt, Diplom-Volkswirt, langjähriger SSW-Landesgeschäftsführer, bis Ende 1996 Mitglied der Flensburger Ratsversammlung und stellvertretender Bürgermeister.

Elisabeth Manno, Studienrätin (Englisch-Französisch), war 6 Jahre in Afrika, lebt seit drei Jahren in Flensburg.

Werner Matzen, in Angeln aufgewachsen, Studiendirektor i. R., engagiert im Fachverband Moderne Fremdsprachen, Flensburg.

Doris Müller, betreibt die historische Hökerei in der Marienstraße, aktiv in der Niederdeutschen Bühne und im Flensburger Bach-Chor.

Jo Agnes Nickels, Jahrgang 1965, Landschafts- und Freiraumplanerin in einem Planungsbüro in Harrislee, Mitarbeit in der Schülerzeitung der Herderschule (Rendsburg), Beschäftigung mit der Allgemeinverständlichkeit von Fachtexten.

Jan-Carl Petersen, 1948 in Flensburg geboren, war Lehrer in Kiel, Bote im Wirtschaftsministerium, Hobbymaler, arbeitet als Steinsetzer in Berlin.

Karen Riefflin, 1969 in Flensburg geboren, in Husby aufgewachsen, Studentin der Anglistik in Hamburg.

Christoph Wiegand, Maler, Zeichner, Kunsterzieher, vielfältig im Flensburger Kulturleben engagiert.

Rebekka Wulff, Jahrgang 1962, Flensburger Schriftstellerin und Hörspielautorin.

Inhaltsverzeichnis